O SOLO SOB NOSSOS PÉS

Déborah de Oliveira

1ª edição

ILUSTRAÇÕES
Luis Moura

Conforme a nova ortografia

Copyright © Déborah de Oliveira, 2010.

SARAIVA Educação S.A.
Avenida das Nações Unidas, 7.221 – Pinheiros
CEP 05425-902 – São Paulo – SP
www.editorasaraiva.com.br
Tel.: (0xx11) 4003-3061
atendimento@aticascipione.com.br
Todos os direitos reservados.

Dados Internacionais de Catalogação na Publicação (CIP)
(Câmara Brasileira do Livro, SP, Brasil)

Oliveira, Déborah de
  O solo sob nossos pés / Déborah de Oliveira ; ilustrações Luis Moura. — 1. ed. — São Paulo : Atual, 2010. — (Projeto Ciência)

  Bibliografia.
  ISBN 978-85-357-1330-5

  1. Ciências (Ensino fundamental) 2. Solo (Ensino fundamental) I. Moura, Luis. II. Título. III. Série.

10-08370   CDD-372.35

Índices para catálogo sistemático:
1. Ciências : Solo : Ensino fundamental   372.35
2. Solo : Ciências : Ensino fundamental   372.35

Coleção Projeto Ciência
Gerente editorial: Rogério Carlos Gastaldo de Oliveira
Editora-assistente e edição: Solange Mingorance
Coordenação e produção editorial: Todotipo Editorial
Preparação de texto: Denise Góes e Cacilda Guerra
Revisão: Danilo Nikolaidis e Cássia Land
Pesquisa iconográfica: Cristina Akisino (coord.) / Douglas Cometti / César Atti
Mapas: Mario Yoshida
Gerente de arte: Nair de Medeiros Barbosa
Projeto gráfico, capa e diagramação: Commcepta Design
Produtor gráfico: Rogério Strelciuc
Ilustrações: Luis Moura
Imagem de capa: broto de jenipapo *(Genipa Americana L.)*
Crédito da imagem de capa: AGE FOTOSTOCK KEYSTOCK
Suplemento de atividades: Déborah de Oliveira
Impressão e acabamento:
Log&Print Gráfica, Dados Variáveis e Logística S.A.

Todas as citações de textos contidas neste livro estão de acordo com a legislação, tendo por fim único e exclusivo o ensino. Caso exista algum texto a respeito do qual seja necessária a inclusão de informação adicional, ficamos à disposição para o contato pertinente. Do mesmo modo, fizemos todos os esforços para identificar e localizar os titulares dos direitos sobre as imagens publicadas e estamos à disposição para suprir eventual omissão de crédito em futuras edições.

5ª tiragem, 2023

CL: 810393
CAE: 576004

APRESENTAÇÃO

Apesar de vivermos sobre o solo, ele é ainda um grande desconhecido para muitas pessoas. Como demora a formar-se e nem sempre conseguimos vê-lo nascer e crescer, parece que ele é estático aos olhos do homem. Temos a falsa impressão de que sempre foi e sempre será como o vemos hoje.

É uma surpresa para muitos saber que o solo é "filho" de uma rocha, ou seja, todo solo é formado a partir de uma rocha-mãe.

O solo é um meio dinâmico, está sempre em transformação. Sofre alterações e pode morrer se não cuidarmos dele. Faz parte do meio ambiente, assim como a água, o ar, as plantas e os animais.

Este livro tem como objetivo introduzir o tema solo como um elemento do meio ambiente que precisa ser conhecido e protegido.

Déborah de Oliveira

Dedico este livro ao Denis, à Marina e à Lívia.

SUMÁRIO

1. O QUE É E PARA QUE SERVE O SOLO — 5
Recurso dinâmico — 6
Nasce a pedologia — 7
Pedologia no Brasil — 7
O trabalho do pedólogo — 8

2. A ROCHA É A MÃE DO SOLO — 9
A estrutura da Terra — 10
Tipos de rocha — 12
    Rochas ígneas ou magmáticas — 12
    Rochas sedimentares — 13
    Rochas metamórficas — 14
O ciclo das rochas — 15
Rochas no Brasil — 15

3. DE ONDE VEM O SOLO? — 17
A constituição do solo — 19
    A composição mineral do solo — 19
    A composição orgânica do solo — 21
    A presença de água no solo — 21
    A presença de ar no solo — 21
Os solos e seus nutrientes — 21

4. OS ORGANISMOS NO SOLO — 23
Bactérias — 24
Fungos — 25
Minhocas — 27
Outros pequenos animais no solo — 28

5. O PERFIL DO SOLO — 30
Processo de formação do solo a partir da rocha-mãe — 31
A descoberta de diferentes tipos de solo — 32
A observação das características do solo — 34
Os nomes dos solos — 36
Latossolos e Argissolos no Brasil — 37

6. O SOLO E O AMBIENTE — 39
Erosão e desmatamento — 39
    Erosão eólica — 40
    Erosão hídrica — 40
Erosão e a ação do homem — 40
Erosão e manejo do solo — 42
Poluição do solo — 44
    Os agrotóxicos — 44
    O lixo — 45
Como preservar o solo — 47
Dia da Conservação do Solo — 48

Folha da Ciência — 49
Instituições de pesquisa em solos — 60
Filmes e vídeos — 61
Links interessantes — 62
Bibliografia — 63

O QUE É E PARA QUE SERVE O SOLO

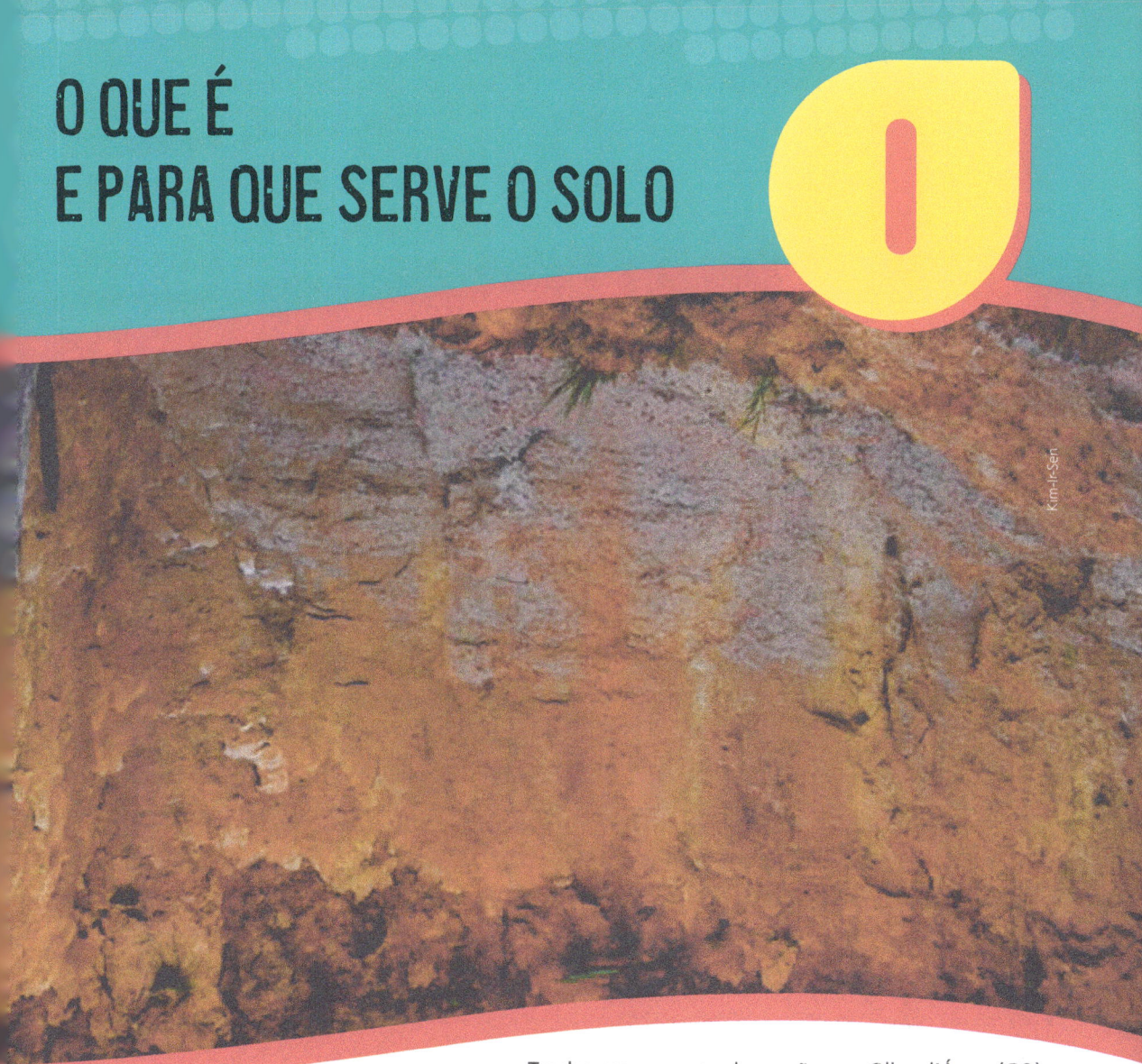

Trecho em processo de erosão, em Olho d'Água (GO).

O SOLO É A TERRA EM QUE PISAMOS. NELE, CASAS SÃO CONSTRUÍDAS E ALIMENTOS SÃO CULTIVADOS. COMO RECURSO NATURAL QUE FAZ PARTE DO MEIO AMBIENTE, O SOLO TEM VÁRIAS FUNÇÕES, ENTRE ELAS ARMAZENAR E DISTRIBUIR ÁGUA.

O solo funciona também como uma reserva de nutrientes para as plantas. E, mais do que isso, é o meio natural mais importante para seu crescimento.

Ele também está incorporado ao dia a dia, fornecendo matéria-prima para a construção de casas e estradas, e é fundamental para a agricultura e para a pecuária.

Do latim *solum*, que significa "parte achatada e inferior de um todo, chão", muitas são as definições possíveis para solo. Seu conceito pode variar, de acordo com a área que o estuda.

Assim, para a geologia, solo é a camada que recobre as rochas, produto de suas modificações físicas e químicas. O termo solo diz respeito tanto ao material da superfície como ao subsolo.

Já para a agronomia, solo é uma camada de terra arável que suporta os vegetais e abriga diversos organismos.

A pedologia é a ciência diretamente ligada ao estudo do solo. Pedologia vem da palavra grega *pedon*, que significa solo. Para os pedólogos, solo é a camada viva que recobre a superfície da terra e que está em contínuo processo de mudança. Essas alterações são o resultado da ação de agentes físicos, biológicos e químicos.

O QUE É SOLO?

Matéria orgânica ou mineral inconsolidada aflorante, que mostra os efeitos de fatores genéticos e ambientais a que foi submetida, tais como clima (incluindo efeitos de temperatura e água) e macro e microrganismos, condicionados pelo relevo, atuando no material inicial durante um período de tempo (Dicionário Houaiss da Língua Portuguesa).

Material mineral e/ou orgânico inconsolidado na superfície da Terra que serve como meio natural para o crescimento e desenvolvimento de plantas terrestres (CURI, Nilton et al. *Vocabulário de ciência do solo*. Campinas: Sociedade Brasileira de Ciência do Solo, 1993).

Solo é a coletividade de indivíduos naturais, na superfície da Terra, eventualmente modificado ou mesmo construído pelo homem, contendo matéria orgânica viva e servindo ou sendo capaz de servir à sustentação de plantas ao ar livre. Em sua parte superior, limita-se com o ar atmosférico ou águas rasas. Lateralmente, limita-se gradualmente com rocha consolidada ou parcialmente desintegrada, água profunda ou gelo. O limite inferior é talvez o mais difícil de definir. Mas, o que é reconhecido como solo deve excluir o material que mostre pouco efeito das interações de clima, organismos, material originário e relevo, através do tempo (Definições do Soil Taxonomy e do Soil survey manual, citados em INSTITUTO BRASILEIRO DE GEOGRAFIA E ESTATÍSTICA – IBGE. *Manual técnico de pedologia*. 2. ed. Rio de Janeiro: IBGE, 2007).

Recurso dinâmico

O solo é um meio natural dinâmico e reflete as condições do ambiente em que está inserido. Ele é o resultado das lentas mudanças que ocorrem nas rochas ao longo de muitos anos. Bastante utilizado pelo homem, é também um recurso natural, como a água, a vegetação, o ar, os minérios e o petróleo.

Teoricamente, o solo é um recurso natural renovável, isto é, recurso utilizado pelo homem que pode ser reposto, assim como a água e a vegetação. Contudo, por causa da ação humana e do tempo necessário para sua recomposição, o solo pode ser considerado um recurso natural não renovável.

A degradação do solo prejudica o meio ambiente, trazendo consequências graves. O solo pode perder a fertilidade natural, pode ser contaminado por poluentes, pode sofrer erosão, causando um desequilíbrio ambiental. Desse modo é que o solo se torna um recurso natural que pode "mor-

Plantação de milho em Mossoró (RN).

rer", ou seja, não se renovar, pois demora muito para voltar a "nascer", "crescer" e estar apto de novo para ser usado pelo homem.

VASILY V. DOKUCHAEV
http://www.escola.agrarias.ufpr.br
Acesso em: 03 out. 2016.
Este site apresenta algumas informações sobre o cientista russo.

Dokuchaev passou a ver o solo como um corpo dinâmico, que podia ser estudado individualmente, assim como as plantas, os animais e as rochas. A partir daí, o cientista russo definiu as noções básicas e os conceitos fundamentais da pedologia. O trabalho de Dokuchaev foi muito importante, por isso ele é reconhecido como o "pai da pedologia".

Você sabia?

Recursos naturais

Recursos naturais são os elementos da natureza usados pelo homem, como o ar, a água, o solo, a vegetação, os minérios. Eles podem ser classificados como renováveis ou não renováveis.
- São considerados renováveis os recursos naturais que se recompõem, mesmo depois de usados pelo homem. Exemplos: água, ar, vegetação.
- São considerados não renováveis aqueles que, após explorados, não podem ser recompostos e se esgotam na natureza. Exemplos: carvão, petróleo, ferro.

DIFERENÇA ENTRE GEOLOGIA E PEDOLOGIA

Geologia – do grego *geo*, que significa terra, e *logos*, ciência; é a ciência da terra.
Pedologia – do grego *pedon*, que significa solo; é a ciência do solo.

Nasce a pedologia

O ser humano sempre dependeu do solo para viver, plantando ou colhendo os alimentos. Entretanto, ele era pouco estudado. Desde que o homem primitivo começou a praticar a agricultura, ele passou a conhecer melhor o solo e vê-lo como fonte de alimento, pois percebia que em determinados locais as plantas cresciam mais satisfatoriamente do que em outros. Mais tarde, as cidades começaram a se formar em locais de solos férteis e próximos a rios.

As bases da pedologia foram estabelecidas pelo cientista russo **VASILY V. DOKUCHAEV**, após estudar os solos da Rússia. A ideia inicial da pesquisa, feita entre 1877 e 1878, era melhorar a produtividade do solo.

Nessa época, prevalecia a ideia geológica de que o solo era um manto de fragmentos de rocha e produto de suas mudanças.

Durante o estudo, porém, o cientista observou que o solo russo era constituído de várias camadas horizontais com cores diferentes, resultantes da ação conjunta de diversos fatores. Ele percebeu que a mesma sequência de camadas era encontrada em locais muito distantes, desde que houvesse clima e vegetação parecidos. Além disso, solos de lugares com climas muito diferentes tinham camadas também diferentes.

GEOLOGIA — PEDOLOGIA

Pedologia no Brasil

No Brasil, é provável que os primeiros trabalhos científicos sobre solos tenham sido realizados no Instituto Agronômico de Campinas (IAC), nos relatórios de 1888 a 1893, nos quais existem artigos sobre o esgotamento das terras e maneiras de corrigi-las.

· O IAC foi criado por decreto de D. Pedro II, em 1887, como Estação Agronômica. Em 1935, surgiu a seção de solos no IAC, que deu início a pesquisas nessa área com o objetivo de identificar diferentes unidades de solos. Um ano depois, foram feitos os primeiros levantamentos de solos no Brasil por Teodureto de Camargo e Paul Vageler.

V. V. DOKUCHAEV (1846-1903)

Vasily V. Dokuchaev nasceu em 1º de março de 1846, na aldeia de Milyukovo, perto de Smolensk, na Rússia. Estudou Ciências Geológicas na Universidade de São Petersburgo, formando-se em 1871. Atuou como professor de Geologia e ali iniciou seus estudos sobre o solo russo.

Em 1875 foi convidado pelo governo para construir um mapa de solos, base para novos estudos que seriam feitos entre 1877 e 1878. A partir desses estudos, Dokuchaev introduziu a ideia de que o solo sofria a ação de diversos fatores geológicos, climáticos e topográficos, de acordo com sua localização.

Com base no estudo, o cientista criou a primeira classificação de solos, que descreve os fatores para sua formação. Cinco anos depois, as conclusões de seus estudos foram publicadas no livro *Chernozem*, termo usado para descrever um solo negro, rico em húmus e carbonatos. Problemas de saúde o levaram a se aposentar em 1897.

Vasily V. Dokuchaev.

Em 1941, o pedólogo brasileiro José Setzer descreveu as características de 22 tipos de solos do Estado de São Paulo, mantendo os nomes populares, de uso comum entre os agricultores, como massapê, terra roxa etc. A partir de 1947, com a criação da Comissão de Solos do Ministério da Agricultura, começaram os levantamentos de solo de forma sistemática em todo o país. A publicação desses levantamentos estimulou novos estudos pedológicos e possibilitou a comparação de solos de diversas regiões brasileiras.

O Brasil conta, atualmente, com várias instituições que desenvolvem pesquisas de solo por todo seu território, entre elas a Comissão de Solos, hoje CENTRO NACIONAL DE PESQUISA DE SOLOS, da Embrapa, no Rio de Janeiro.

Em seguida, o pedólogo consegue saber qual solo é aquele. Pode então dar um nome a ele, elaborar mapas e também saber o que se pode plantar em cada local. Por fim, o especialista pode corrigir problemas dos solos para melhorar a produção de alimentos, prevenir a erosão e conter a poluição.

O trabalho do pedólogo é muito importante para manter o bom uso e a conservação dos solos.

CENTRO NACIONAL DE PESQUISA DE SOLOS
Site da Embrapa Solos.
http://www.cnps.embrapa.br
Acesso em: 03 out. 2016.

O trabalho do pedólogo

O pedólogo é o profissional que estuda os solos. Ele exerce diversas atividades, sempre viajando muito para conhecer os solos e estudá-los. Realiza trabalhos de campo, em que observa os solos em barrancos ou, muitas vezes, cavando. Faz observações e descreve o local em que o solo aparece na natureza, o clima da região, a vegetação do local, os animais que vivem naquele solo, o relevo em que ele aparece e a rocha-mãe que lhe deu origem.

O profissional observa e descreve o perfil do solo e de seus horizontes em sua caderneta de campo. Coleta amostras de solo e as leva para o laboratório, para descobrir algumas características que vão apontar, por exemplo, se ele é fértil ou não.

Alunos da UnB realizando pesquisa de campo em São João da Aliança (GO).

A ROCHA É A MÃE DO SOLO

2

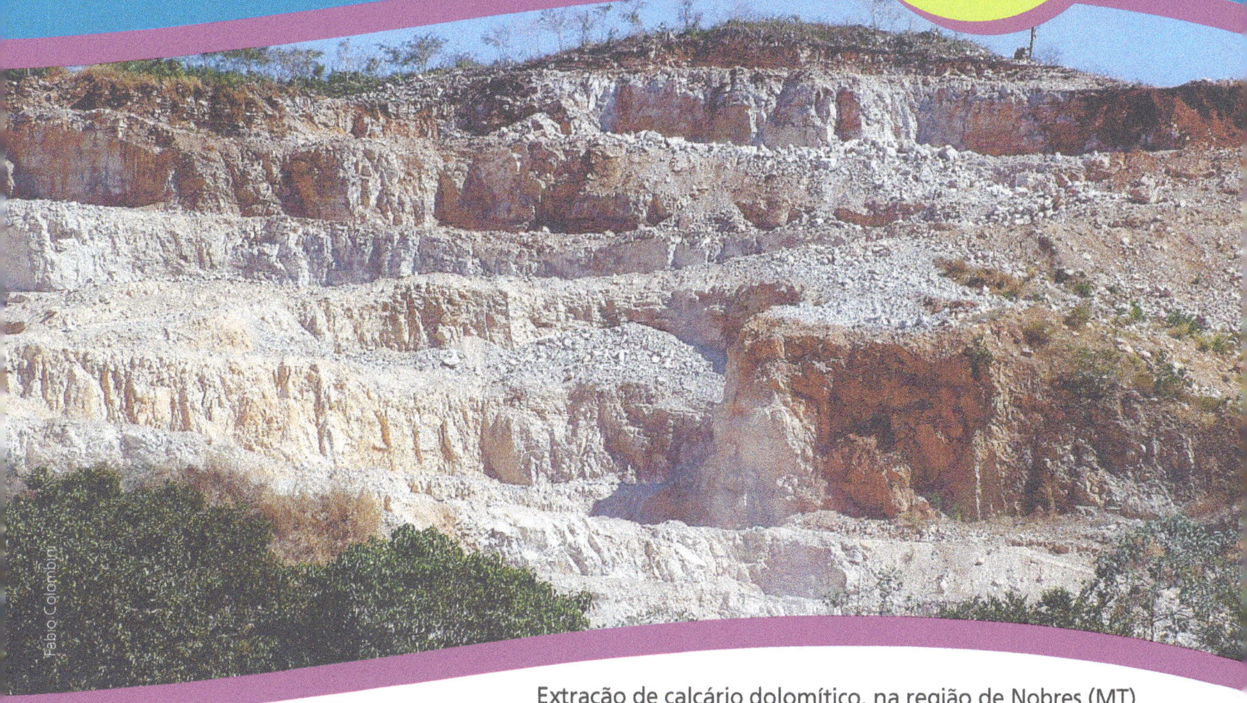

Fábio Colombini

Extração de calcário dolomítico, na região de Nobres (MT).

A ROCHA, COMUMENTE CHAMADA DE PEDRA, É UM AGREGADO NATURAL COMPOSTO DE ALGUNS MINERAIS OU DE UM ÚNICO MINERAL. AS ROCHAS ESTÃO PRESENTES NA SUPERFÍCIE DURA DE TODO O PLANETA TERRA, NA CROSTA TERRESTRE.

O solo é formado a partir das transformações ocorridas nas rochas. Ao longo do tempo, as rochas vão se decompondo devido à ação de fatores como a origem da rocha matriz, o relevo, o clima, a presença de animais, plantas e de outros organismos vivos, como fungos e bactérias, até se transformarem em solo. Por isso, a rocha pode ser considerada a mãe do solo. Mas o que é rocha?

A origem da Terra remonta a mais de 4 bilhões de anos. Acredita-se que a formação do planeta aconteceu após a solidificação de partículas de poeira e minerais, constituindo uma crosta de placas rochosas sobre o magma. Esse material, que tem origem mineral ou orgânica e se encontra abaixo da superfície da Terra, ao se deslocar por entre as placas passa pelo processo de resfriamento, dando origem às rochas.

Jupiter Unlimited/Image Plus

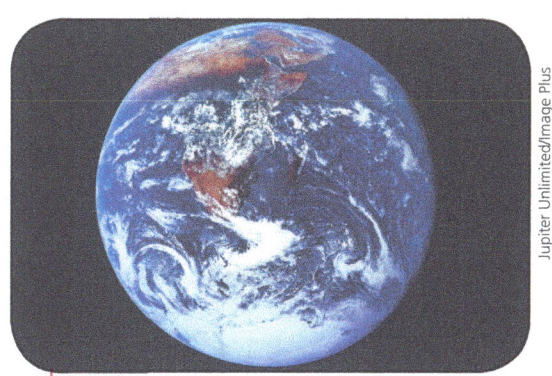

A Terra vista do espaço.

A estrutura da Terra

A Terra é formada por três camadas: o núcleo, o manto e a crosta terrestre.

O núcleo é a parte central da Terra, abaixo do manto. Ele pode ser dividido em núcleo externo e núcleo interno. O núcleo externo, a parte de fora, é líquido e formado por ferro e níquel derretidos. O núcleo interno é constituído de ferro sólido.

O manto, a segunda camada, é formado por rochas. Por causa das altas temperaturas lá existentes, essas rochas tornam-se pastosas, recebendo o nome de magma, constituído principalmente por silício e magnésio. O magma está em constante movimentação e dá origem à lava que jorra dos vulcões.

A crosta terrestre é a camada externa sólida da Terra, constituída por rochas. Ela está dividida em crosta continental e crosta oceânica. Ambas são formadas a partir de fragmentos de rochas.

A crosta continental atinge de vinte a cinquenta quilômetros de espessura e é composta de rochas graníticas, formadas basicamente por silício e alumínio. Por isso, essa camada é denominada sial. Já a oceânica alcança de cinco a dez quilômetros de espessura e é composta de rochas basálticas. É denominada sima, pois tem em sua composição o silício e o magnésio.

A crosta terrestre é dividida em placas tectô-

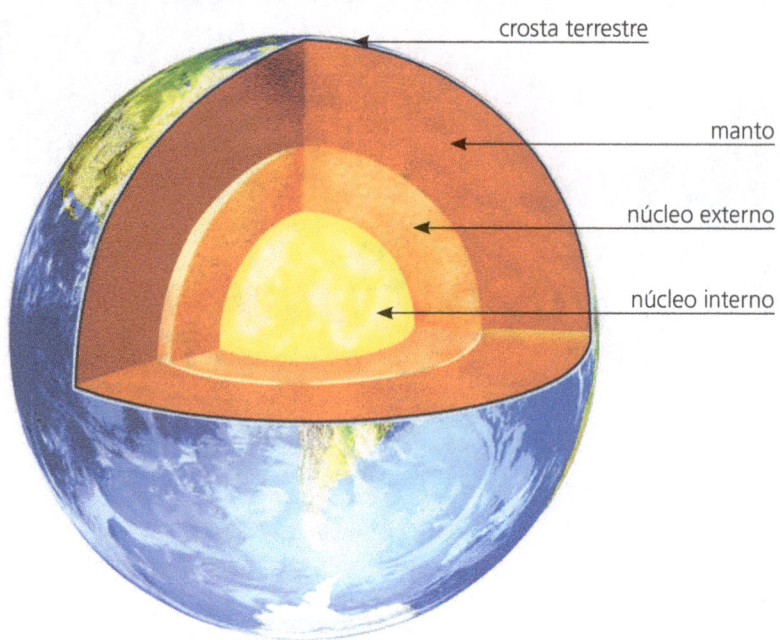

As três camadas da Terra.

nicas por falhas e fraturas profundas, onde estão os continentes e oceanos. Teorias indicam que há milhões de anos existia um único continente, chamado Pangeia, que teria se dividido, resultando nos continentes atuais. Esse fenômeno é conhecido como deriva continental. A hipótese da deriva continental tornou-se parte de uma teoria maior, a teoria da tectônica de placas, que descreve os movimentos das placas tectônicas sobre o líquido superaquecido e extremamente viscoso do manto.

Essas placas estão em constante movimento sobre o manto, exercendo pressão umas sobre as outras. Apesar de essa movimentação ser muito lenta, as placas podem se deslocar para lados diferentes. Nesse caso, o magma que sobe por entre elas, forma novas rochas ao solidificar-se.

As placas também podem se chocar, provocando terremotos e *tsunamis* (ondas gigantes) ou dando início à atividade vulcânica. O magma que sai dos vulcões se resfria, transformando-se em novas rochas.

Você sabia?

Terremotos

Em janeiro de 2010 um terremoto arrasou a capital do Haiti, Porto Príncipe.

Terremoto, sismo ou tremor de terra é o resultado de uma vibração brusca que movimenta a crosta terrestre. Em geral, ocorre quando as placas tectônicas se chocam ou deslizam, mas também pode ser provocado por erupções vulcânicas ou explosões subterrâneas. Os terremotos acontecem quase todos os dias, contudo nem sempre são percebidos. Os tremores mais fortes podem causar muita destruição e ainda originar *tsunamis* (ondas imensas).

Vulcões

Vulcão Eyjafjallajökull causou vários transtornos em boa parte do continente europeu.

Vulcão é uma abertura na crosta terrestre por onde saem magma, cinzas, gases e poeira. Em geral, é formado a partir do encontro de placas tectônicas. Ao entrar em atividade, um vulcão pode provocar terremotos e lançar material magmático na atmosfera. As erupções vulcânicas modificam o relevo da Terra, formando altas montanhas ou dando origem a ilhas.

O magma expelido pelos vulcões, ao subir para a superfície terrestre, entra em processo de resfriamento, originando as rochas magmáticas ou ígneas.

Tipos de rocha

Foram necessários milhões de anos para a constituição da crosta terrestre. Ela é composta de três tipos de rocha: as ígneas (resultantes da consolidação do magma), as metamórficas (resultantes da transformação de outras rochas preexistentes) e as sedimentares (resultantes da deposição de outras rochas).

Algumas estão expostas na superfície da Terra, mas outras encontram-se embaixo do solo que se formou sobre elas, por isso não é possível vê-las. Essas rochas são chamadas de material de origem ou rochas-mãe, pois elas dão origem ao solo.

As **ROCHAS** são estudadas em diferentes níveis e sob vários aspectos. Estuda-se sua estrutura, ou a parte externa da rocha, e também sua textura, para saber detalhadamente seu tamanho, forma, cor, dureza e quais são os cristais ou grãos que a compõem.

> **TIPOS DE ROCHA**
> O site apresenta e caracteriza os principais tipos de rocha.
> http://fossil.uc.pt/pags/rochas.dwt
> Acesso em: 26 de setembro de 2016.

Rochas ígneas ou magmáticas

As rochas ígneas (do latim *ignis*, fogo) ou magmáticas formam-se a partir da solidificação do magma. Quando esse processo ocorre no interior da Terra, as rochas são chamadas de magmáticas intrusivas ou plutônicas. Em geral, o resfriamento delas é lento e a textura apresenta diferentes tamanhos de grãos, dependendo da velocidade de resfriamento e da cristalização do magma.

Quando a solidificação ocorre na superfície terrestre, como resultado das erupções vulcânicas, as rochas são chamadas de extrusivas ou vulcânicas. Nesse caso, o resfriamento é mais rápido e elas apresentam uma textura com grãos muito finos, praticamente invisíveis a olho nu.

Tanto uma como a outra são rochas compactas e duras, e entre suas propriedades mais importantes destaca-se a ausência de fósseis e de matéria orgânica.

As rochas ígneas podem conter jazidas de vários metais, como ouro, platina, cobre, estanho etc., e seu estudo traz importantes informações sobre o interior da crosta terrestre. A cor das rochas ígneas pode variar: as mais escuras são ricas em minerais como magnésio e ferro e as mais claras têm maior quantidade de silício e alumínio.

EXEMPLOS DE ROCHAS ÍGNEAS

Granito

Granito, do latim *granum*, que significa grão, é um exemplo de rocha ígnea ou magmática intrusiva (ou plutônica). Ele se forma no interior da crosta terrestre a partir do lento resfriamento e solidificação do magma. Em sua composição podem ser encontrados três tipos principais de minerais: o quartzo, o feldspato e a mica.

O granito é a rocha ígnea mais fácil de ser encontrada. Apresenta uma grande variação de cor – cinza claro a cinza escuro, amarelo, rosa e vermelho –, por causa da presença do feldspato, e tem uma estrutura maciça. Ele é muito usado como rocha ornamental, em revestimentos de pisos, paredes e pias.

Granito

Basalto

O basalto é uma rocha ígnea escura e extrusiva, ou vulcânica, composta de grãos muito pequenos, invisíveis a olho nu. É composto dos minerais plagioclásio e piroxênio, ricos em ferro e magnésio. É a rocha mais abundante da crosta, principalmente da oceânica.

O basalto é muito usado na pavimentação de calçadas, ruas e estradas. Além disso, é uma rocha importante para a agricultura, porque sua decomposição dá origem a uma argila de coloração avermelhada, responsável pela formação de solos férteis.

Basalto

Rochas sedimentares

As rochas sedimentares são o resultado de um longo processo de decomposição de outras rochas. A esse processo é dado o nome de intemperismo. Elas se formam a partir da fragmentação provocada por agentes como a chuva, o vento e a água dos rios e mares.

Os fragmentos são transportados pelos ventos ou pela água para fundos de lagos e oceanos, nas bacias sedimentares. Ali, eles formam camadas e vão se acumulando ao longo do tempo. O peso das camadas, umas exercendo pressão sobre as outras, e o aquecimento no interior da Terra fazem com que esses fragmentos endureçam e formem uma massa compacta.

As rochas sedimentares podem ser divididas em rochas clásticas ou detríticas, formadas pela acumulação de fragmentos de minerais; rochas orgânicas ou bioênicas, formadas pela deposição de materiais de origem biológica; e rochas sedimentares químicas, formadas pela precipitação de soluções químicas.

No interior das rochas sedimentares é possível encontrar restos de plantas e animais que foram cobertos pelas camadas de fragmentos. Os restos de organismos antigos são chamados fósseis. Os fósseis preservados nas rochas sedimentares são fundamentais para o estudo e a compreensão da origem e evolução das espécies.

As rochas sedimentares também têm importância econômica. Nelas podem ser encontradas reservas de petróleo, gás natural e carvão mineral, fontes de energia e recursos naturais muito valorizados.

EXEMPLOS DE ROCHAS SEDIMENTARES

Arenito

O arenito é um tipo de rocha sedimentar clástica que se forma a partir da desintegração de rochas como o granito pela ação do vento e da chuva. Os grãos resultantes desse processo, geralmente de quartzo, formam a areia.

A areia que fica depositada no fundo do mar ou em depressões, submetida a aumento de pressão ou de temperatura, endurece e dá origem ao arenito.

O arenito é uma das rochas sedimentares mais comuns na crosta terrestre. Ele é muito usado como material de construção, em pisos e na fabricação de vidro e concreto.

Arenito

Calcário

O calcário é formado a partir do mineral calcita, que tem em sua composição química o carbonato de cálcio. Esse carbonato é resultante da decomposição de esqueletos, conchas, restos de animais, principalmente no mar, em rios, lagos e no subsolo – em cavernas.

O calcário é muito utilizado na fabricação de cimento. Também serve para a produção da cal, usada na pintura de paredes, na fabricação de tintas ou ainda para neutralizar a acidez de solos.

Calcário

Rochas metamórficas

A origem do nome metamórfica vem do grego (*meta* = mudança, *morfo* = forma). As rochas metamórficas formam-se a partir da transformação de rochas ígneas ou sedimentares já existentes. Esse processo de transformação ocorre quando existem novas condições de temperatura e pressão, ou quando a combinação química de dois ou mais materiais altera a organização, composição, textura e estrutura dos minerais.

Esse tipo de rocha pode surgir quando rochas ígneas ou sedimentares são empurradas, ou afundam durante terremotos, para o interior da Terra. A pressão e a temperatura alteram sua composição mineral, transformando essas rochas e criando novas rochas.

O estudo das rochas metamórficas é importante para identificar grandes eventos geológicos ocorridos no passado.

EXEMPLOS DE ROCHAS METAMÓRFICAS

Gnaisse

O gnaisse é uma rocha metamórfica originada do granito. Tem uma estrutura mal definida e nele predominam os minerais quartzo e feldspato.

Semelhante ao granito, o gnaisse tem cor cinza e rosa. Ele surge em áreas muito profundas da crosta terrestre.

As rochas metamórficas do tipo gnaisse que têm origem em rochas sedimentares são chamadas de paragnaisses.

Já aquelas que surgem a partir das rochas ígneas são chamadas de ortognaisses.

O gnaisse é muito usado como brita na construção civil e também na pavimentação.

Gnaisse

Mármore

O mármore é o resultado da transformação do calcário exposto a altas temperaturas. Dependendo da composição de seus minérios, pode ser rosa, branco, esverdeado ou preto.

As maiores jazidas de mármore encontram-se em regiões com atividade vulcânica em que o calcário, submetido a altas pressões e temperaturas elevadas, sofreu transformações físico-químicas. O mármore é usado principalmente em decoração – como rocha ornamental –, esculturas e na construção civil, como na fabricação de pias, mesas e pisos.

Davi, de Michelangelo, esculpido em mármore

O ciclo das rochas

As rochas estão em constante processo de formação, transformação e fragmentação. Tudo isso leva um tempo enorme para acontecer. O ciclo das rochas existe desde a formação da Terra e é por meio dele que a crosta terrestre se transforma e evolui.

O **CICLO DAS ROCHAS** funciona assim: as rochas ígneas expostas na superfície da Terra passam a sofrer a ação do intemperismo, isto é, do processo pelo qual diversos fatores físicos, químicos e biológicos agem sobre a rocha. Lentamente, elas vão se fragmentando e, ao mesmo tempo que incorporam detritos sólidos da rocha original, agregam novos minerais. Desse processo resulta a constituição de rochas sedimentares.

As rochas sedimentares, por sua vez, com o aumento de pressão e de temperatura, geram as rochas metamórficas. Se as condições de metamorfismo forem intensas, a pressão e a temperatura poderão fazer com que as rochas se fundam, gerando magma. Esse material voltará a se solidificar, dando origem a novas rochas ígneas – e a um novo ciclo.

> **CICLO DAS ROCHAS**
> O *site* descreve o ciclo das rochas e suas cadeias de transformação.
> http://www.igc.usp.br
> Acesso em: 26 de setembro de 2016.

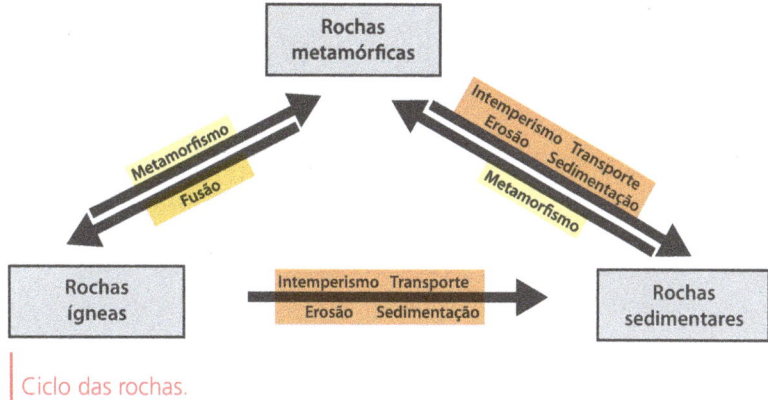

Ciclo das rochas.

INTEMPERISMO

O intemperismo é a modificação física, química ou biológica das rochas próximas à superfície terrestre. Esse processo também é responsável pela formação de solos.

O intemperismo físico provoca a modificação da estrutura física das rochas por meio da desagregação mecânica, sem alterar a composição química, ou seja, sua estrutura. Esse tipo de intemperismo é mais comum em regiões de clima seco.

Contudo a superfície das rochas está sujeita à ação do ar e da água, o que facilita a ocorrência do intemperismo químico. O principal agente do intemperismo químico é a água, que altera a composição dos minerais das rochas modificando sua constituição, dando origem a novas rochas. Esse processo acontece principalmente em locais de clima úmido.

Uma terceira forma de intemperismo é o biológico. Ele é caracterizado por rochas que perdem minerais por meio da ação de seres vivos e raízes de plantas.

Rochas no Brasil

O Brasil apresenta em seu território rochas ígneas, sedimentares e metamórficas, que são os materiais de origem – ou as rochas-mãe – dos solos brasileiros.

O granito, por exemplo, é um tipo de rocha ígnea muito comum no Brasil, muitas vezes associado ao gnaisse, uma rocha metamórfica. No Rio Grande do Sul, ele é encontrado no chamado Escudo Sul-Rio-Grandense. Também é encontrado na Serra do Mar e na Serra da Mantiqueira, na região Sudeste do país. A cidade de Nova Prata, no Rio Grande do Sul, é reconhecida como a capital nacional do basalto, rocha ígnea usada na pavimentação de ruas, calçadas e estradas.

Ainda no Rio Grande do Sul, existe uma enorme área coberta por rochas sedimentares do tipo arenito, chamado arenito Botucatu. O arenito também pode ser encontrado em Vila Velha, no Paraná, onde existem muitas formações rochosas.

Os solos herdam boa parte das características dos materiais de origem, assim como as pessoas herdam características genéticas de seus pais. Assim, os solos podem ser arenosos, siltosos, argilosos, férteis ou pobres.

É muito difícil dizer que determinada rocha pode dar origem a determinado solo, pois uma mesma rocha pode formar solos diferentes e isso vai depender da atuação conjunta dos outros fatores de formação, isto é, clima, relevo, organismos e tempo.

O granito, por exemplo, é uma rocha ígnea, e o gnaisse, uma rocha metamórfica. Os dois podem originar solos rasos ou profundos, dependendo do clima da região. O basalto, que também é uma rocha ígnea, vai dar origem a solos mais escuros e mais férteis, pois apresenta argila e ferro quando decomposto. As rochas sedimentares, no caso do arenito, vão originar solos arenosos, pois ele é composto basicamente do mineral chamado quartzo.

Em geral, os solos brasileiros são bem desenvolvidos e profundos, devido à interferência do clima quente e úmido a que são submetidos.

Pedaço de gnaisse.

Mapa geológico esquemático que mostra a distribuição das rochas-mãe no Brasil. Fonte: Lepsch (2002).

DE ONDE VEM O SOLO?

3

Desmatamento provocado pelas plantações de arroz, em Araioses (MA).

PARA A PEDOLOGIA, O SOLO É O RESULTADO DA AÇÃO CONJUNTA DE AGENTES, COMO O CLIMA E OS ORGANISMOS VIVOS, QUE ATUAM SOBRE A ROCHA-MÃE, DE ACORDO COM O RELEVO E EM DETERMINADO PERÍODO DE TEMPO. A COMBINAÇÃO E A INTENSIDADE DESSES AGENTES TRANSFORMADORES FORMARÃO VÁRIOS TIPOS DE SOLO. ASSIM, UMA MESMA ROCHA PODE DAR ORIGEM A SOLOS DIFERENTES.

A **FORMAÇÃO DO SOLO** ocorre a partir da transformação ou do "apodrecimento" das rochas, fenômeno conhecido como intemperismo. Esse processo também ocorre na modificação das rochas e é fundamental na constituição dos solos.

> **FORMAÇÃO DO SOLO**
> Animação sobre a formação do solo em relevo plano.
> http://www.escola.agrarias.ufpr.br/
> Acesso em: 26 de setembro de 2016.

A fase em que acontece o processo de intemperização das rochas é chamada de gênese, pois é o início da formação dos solos. Em seguida, ocorre a pedogênese, em que agentes externos, como o clima e os organismos vivos, atuam na transformação do material resultante do intemperismo em solo.

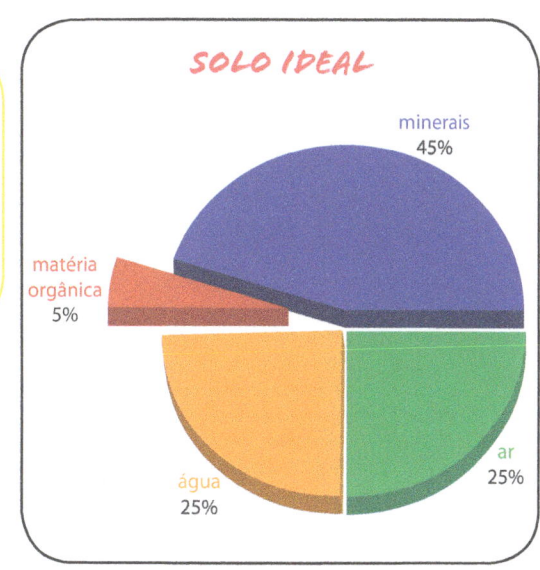

SOLO IDEAL
- minerais 45%
- matéria orgânica 5%
- água 25%
- ar 25%

Fonte: Companhia Ambiental do Estado de São Paulo (Cetesb). Disponível em: <http://www.cetesb.sp.gov.br/Solo/solo/propriedades.asp>. Acesso em: 26 set. 2016.

FATORES QUE INFLUENCIAM A FORMAÇÃO DO SOLO

Clima

Calor, chuva, umidade do ar e vento agem diretamente na transformação das rochas. A água da chuva e a umidade aceleram as reações químicas e físicas, influenciando a velocidade e a intensidade das transformações nas rochas. A temperatura, por sua vez, age como fornecedor de energia para várias reações químicas na decomposição da rocha-mãe e da matéria orgânica que resultarão na formação do solo.

Quanto mais água da chuva e calor, mais rápido ocorrerá a transformação dos minerais da rocha em solo. Algumas regiões da Terra apresentam um clima mais quente e úmido do que outras, o que favorece o aumento da velocidade dessa transformação. Por isso, as regiões tropicais têm solos mais desenvolvidos e profundos. Em contrapartida, em regiões de clima árido e muito frio os solos costumam ser mais rasos, apresentando menos matéria orgânica do que os das regiões quentes e úmidas.

Organismos vivos

Os organismos vivos são animais e plantas que vivem, morrem e se decompõem no solo, interferindo na quantidade de matéria orgânica presente nele. Em geral, como foi dito acima, as regiões mais quentes e úmidas da Terra fornecem maior quantidade de matéria orgânica para os solos. Os microrganismos (bactérias, algas e fungos), os vegetais e os animais agem na formação e no transporte da matéria orgânica no solo.

Relevo

O relevo influencia a quantidade de água que penetra no solo ou que escoa sobre ele, pois quanto mais ou menos inclinado o terreno, mas rápida ou mais lenta será a infiltração. Em locais de relevo muito inclinado, como as altas montanhas, a constituição do solo é mais difícil, pois a água, que é o agente principal da transformação da rocha em solo, não consegue penetrar o suficiente para alterá-la. Em compensação, em locais de relevo mais plano, os solos costumam ser mais profundos, justamente pela facilidade que a água encontra para atingir seu interior.

Tempo

Por fim, entre os agentes de transformação do solo está o tempo que as rochas levam para "apodrecer" e formar o solo. Esse tempo nem sempre é o mesmo para todos os tipos de solo. Assim, é difícil estabelecer um tempo médio para sua formação. Há solos que se formam mais rapidamente do que outros, dependendo da ação do clima, dos organismos vivos, do relevo e do tipo de rocha-mãe.

Os fatores de formação do solo.

A constituição do solo

A **COMPOSIÇÃO DO SOLO** se dá por meio de quatro elementos principais: minerais, organismos, água e ar. Tudo isso bem misturado dentro dele.

A parte mineral do solo tem origem na desintegração das rochas; as partículas orgânicas são formadas por restos de seres vivos; a água dissolve os nutrientes do solo; e o ar ocupa os espaços entre as partículas, permitindo a respiração dos microrganismos, das raízes e das plantas.

> **COMPOSIÇÃO DO SOLO**
> Assista a uma animação que descreve a composição do solo.
> http://videoseducacionais.cptec.inpe.br/swf/solo/3_1.
> Acesso em: 26 de setembro de 2016.

A composição mineral do solo

A parte mineral é formada de partículas de vários tamanhos e tipos, originadas da transformação ou alteração das rochas, desde pedaços até partículas de argila.

As rochas, mesmo as mais duras, expostas sempre à ação das chuvas e do calor, "apodrecidas" ou "intemperizadas", transformam-se em solo. Mas isso leva um bom tempo. As rochas têm alguns minerais que também estão presentes no solo, como o quartzo, o zircão, a turmalina, a mica, o calcário e o feldspato. Esses minerais são chamados de minerais primários, porque são fornecidos ao solo diretamente da transformação da rocha-mãe.

Lavra a céu aberto em Caetité (BA).

EXEMPLOS DE MINERAIS PRIMÁRIOS

Quartzo

O quartzo é um dos minerais mais abundantes e mais resistentes ao intemperismo. Muito comum nas rochas, faz parte da constituição das areias de praia. Não contém nutrientes essenciais para as plantas e aparece nas cores amarelo, roxo, rosa e branco incolor ou leitoso.

Feldspato

O feldspato também é um mineral muito abundante e comum nas rochas. Contudo, ele é menos resistente ao intemperismo do que o quartzo. Esse mineral pode ser encontrado com o quartzo e em rochas como o granito e o gnaisse. Apresenta cor rosa, branca ou cinza e é a principal fonte de minerais argilosos no solo.

Mica

A mica representa um grupo de minerais. A mica branca é chamada de muscovita e a preta, de biotita. É um mineral pouco resistente ao intemperismo e pode ser encontrado, com o quartzo, nas areias de praia e nos fundos e margens de rios e lagos. Esse grupo mineral é muito comum nas rochas da crosta continental.

Quartzo, feldspato e mica.

Alguns dos minerais primários presentes no solo, como a mica e o feldspato, são menos resistentes e se decompõem em partes menores ainda mais facilmente, transformando-se em argilas, os minerais secundários. Esses minerais, que compõem o solo e variam de tamanho, são chamados de areia, mineral um pouco mais grosso; de silte, uma parte um pouco mais fina; e de argila, um mineral de partículas muito pequenas.

Assim, o solo tem minerais resistentes herdados da rocha-mãe e minerais menos resistentes, que vão se desfazendo e diminuindo de tamanho até ficarem com partículas bem pequenas.

Alguns minerais podem ser vistos a olho nu, como as areias, mas grande parte só pode ser vista com o auxílio de lupas, como o silte, ou até de microscópios, como as argilas. Um grão de areia mede de 2 milímetros a 0,05 milímetro. O silte, que é um pouco menor do que a areia, mede de 0,05 milímetro a 0,002 milímetro. Já a argila, que é a menor partícula do solo, mede menos de 0,002 milímetro.

Solos arenoso (acima, à esq., Genipabu/RN), de silte (no béquer) e argiloso (embaixo, Rio-Casca/MG).

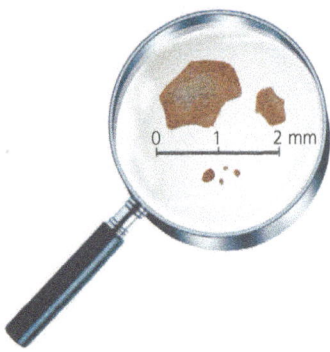

Tamanho da areia e do silte vistos com uma lupa. As partículas de areia (acima da régua) e as de silte (abaixo) são visíveis. As de argila são invisíveis mesmo sob essa lente de aumento.

Partículas de argila vistas no microscópio eletrônico. Elas medem uma parte de um milímetro dividido em mil partes.

O processo que analisa e define o tamanho e o peso dos grãos, ou seja, a textura das partículas que compõem o solo, é chamado de granulometria. A proporção de grãos varia de solo para solo. Um solo arenoso não é aquele que só tem areia, mas que é composto de uma quantidade maior de areia. Do mesmo modo, em um solo argiloso predominam os grãos de argila.

Você sabia?

Minerais primários e secundários

Os minerais primários são formados no interior da crosta terrestre. Ali, esses minerais são submetidos a altas pressões e temperaturas elevadas e, quando decompostos, liberam nutrientes para as plantas.

Os minerais secundários são aqueles formados a partir da fragmentação ou alteração dos minerais primários pela ação do intemperismo. Desse processo, resultam novos minerais com um tamanho bem menor do que os originais.

A composição orgânica do solo

A parte orgânica do solo é formada por uma acumulação de restos de animais e vegetais, parcial ou totalmente decompostos, e pelos animais que moram no solo, como formigas, cupins e minhocas, além de bactérias e fungos. O produto resultante é o húmus, uma matéria orgânica escura que no processo de decomposição vai sendo transformada em sais minerais e gás carbônico.

Os sais minerais e o gás carbônico são usados como nutrientes e aproveitados pelas plantas, que por sua vez alimentam os animais, dando continuidade a esse ciclo.

Os minerais, os organismos, a água e o ar encontram-se misturados no solo.

A presença de água no solo

A fração líquida do solo é constituída pela água que se infiltra pelos poros da terra. Uma parte dela fica retida dentro do solo e a outra vai para o lençol freático. Nela, os nutrientes solúveis estão dissolvidos. Por isso, apresenta quantidades variáveis de sais minerais, oxigênio, gás carbônico e outros elementos que são absorvidos pelas raízes das plantas.

A reposição da água no solo é feita, principalmente, pela chuva e pela irrigação.

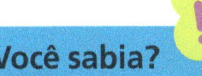

Você sabia?

Lençol freático

O lençol freático é um tipo de reservatório de águas subterrâneas que surge a partir da infiltração da água da chuva no solo. Esse lençol é afetado pelo relevo e pela vegetação do local onde se encontra. Do relevo e do tipo de rocha depende o formato do manancial, e a vegetação ajuda em sua preservação. A água do lençol freático pode ser extraída pela escavação de poços.

A presença de ar no solo

A parte gasosa é composta pelo ar que ocupa os poros do solo. À proporção que o volume de água aumenta, o ar do solo diminui. O ar do solo é muito importante para os organismos e microrganismos que vivem nele. Isso porque o ar é o responsável pelo transporte de oxigênio, que possibilita a respiração das raízes e dos microrganismos, favorecendo a produção de húmus.

A POROSIDADE DO SOLO

Os poros do solo são pequenos furinhos, chamados de "vazios". Alguns poros são vistos a olho nu, mas outros são tão pequenos que só são percebidos com lupa ou microscópio. A porosidade está relacionada com a circulação de água no solo. Os poros podem permitir essa circulação ou podem estar isolados, mantendo a água em seu interior, sem que ela circule. Assim, o solo comporta-se como uma esponja, pois é um meio poroso que se enche de água até atingir seu máximo de absorção. Os poros também permitem a circulação do ar no interior do solo, facilitando o deslocamento do oxigênio.

A quantidade de água no solo depende de sua permeabilidade, ou seja, a maior ou menor facilidade com que o líquido circula no interior da terra. Um solo é permeável quando possibilita a mobilidade da água entre os poros. Quando os poros são maiores, a permeabilidade, ou seja, o fluxo da água, é maior. Quando os poros são menores, o solo tem baixa permeabilidade, pois a água flui mais lentamente.

Os solos e seus nutrientes

As rochas cedem ao solo nutrientes importantes para o crescimento das plantas, como nitrogênio, fósforo, potássio, cálcio, magnésio, sódio, ferro e outros.

O nitrogênio é um dos principais nutrientes para as plantas. Ele é o principal elemento químico para a formação de proteínas. Já o fósforo é importante para formar raízes fortes e sementes. O potássio protege as plantas de doenças, o cálcio ajuda no crescimento da raiz e facilita a absorção de outros nutrientes, e o magnésio é o elemento que ajuda a produzir a clorofila.

Os **NUTRIENTES DO SOLO** percorrem um longo caminho. Primeiro eles são fornecidos ao solo pela rocha-mãe. Quando ela é transformada em solo, uma parte deles é absorvida pelas plantas e depois pelos animais que as consomem. Esses nutrientes chegam ao homem, que consome os animais e as plantas, na forma de cereais, verduras, frutas, leite, ovos e carne. Eles são muito importantes para a alimentação.

A outra parte dos nutrientes presentes no solo é levada pela água que penetra na terra, indo parar nos rios e lagos e, por fim, nos oceanos e mares. Por isso, muitos solos precisam ser adubados constantemente, pois sem os nutrientes eles perdem a fertilidade.

NUTRIENTES DO SOLO
Esta página apresenta com detalhes os principais nutrientes minerais encontrados no solo.
http://www.ci.esapl.pt/miguelbrito/nutricao/page11.html
Acesso em: 26 de setembro de 2016.

Você sabia?

O mito da fertilidade do solo brasileiro

Os solos brasileiros não são tão férteis, como muitos imaginam. Por serem solos muito antigos, eles sofreram a lavagem dos nutrientes pela água da chuva ao longo do tempo, em função do clima quente e úmido durante boa parte do ano. Por isso, necessitam de adubação.

Adubar é enriquecer o solo com os nutrientes que faltam para torná-lo fértil. Os adubos podem ser orgânicos, como esterco, ou inorgânicos, como os minerais. A adubação deve ser feita moderadamente, pois em excesso pode contaminar as águas dos rios, oceanos, lagos e mares.

Vegetação seca da caatinga, em Juazeiro (BA).

OS ORGANISMOS NO SOLO 4

As minhocas podem auxiliar a circulação de água e nutrientes no solo.

MINHOCAS, FORMIGAS, CUPINS, BACTÉRIAS E FUNGOS TÊM UM PAPEL FUNDAMENTAL NO PROCESSO DE DECOMPOSIÇÃO DOS RESTOS DE ANIMAIS E PLANTAS MORTOS. ELES AGEM NO APODRECIMENTO E NO TRANSPORTE DA MATÉRIA ORGÂNICA NO SOLO.

Muitos organismos vivem no solo. Uma grande parte deles é vegetal, outra parte é formada por uma série de pequenos animais. Dentre estes, as minhocas são as mais importantes. Elas constroem canais, formando redes que contribuem para a aeração e descompactação do solo e para a circulação de água e nutrientes. Além delas, porém, existem vários outros seres vivos responsáveis pela vida do solo.

O resultado do apodrecimento e do transporte da matéria orgânica no solo é a eliminação da serapilheira (camada de restos de plantas em decomposição na parte superficial do solo), a formação do húmus (camada de cor escura que melhora as condições do solo), e a construção de poros. Nesse pequenos canais, o ar circula, e é por eles que a água se movimenta e as raízes das plantas penetram e se fixam.

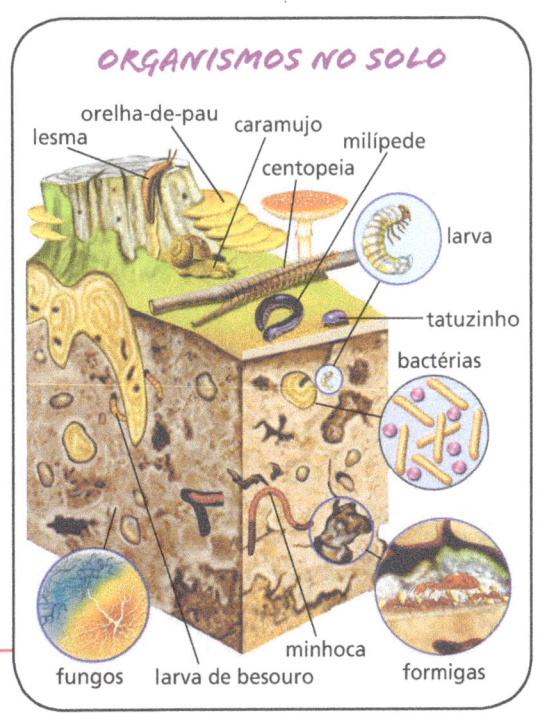

ORGANISMOS NO SOLO: lesma, orelha-de-pau, caramujo, centopeia, milípede, larva, tatuzinho, bactérias, fungos, larva de besouro, minhoca, formigas

Adaptado de: <http://www.turfa.com.br/img/vida_no_solo_trans.png>. Acesso em: 26 set. 2016.

Manchas em folhas de escalônia infectadas por bactérias.

Bactérias

As **BACTÉRIAS** são seres vivos formados apenas por uma célula, ou seja, são unicelulares, que não podem ser vistos a olho nu. Vivem em toda parte e em grande número, multiplicando-se com muita velocidade. Em geral, as bactérias são encontradas em locais mais secos (ou então dentro da água) e em terrenos alcalinos ou neutros.

> **BACTÉRIAS**
> Neste site, Miguel de Oliveira apresenta as bactérias e lista a classificação desses seres.
> http://www.invivo.fiocruz.br
> Acesso em: 26 set. 2016.

No solo, as bactérias são encontradas nas camadas mais superficiais, agindo com os fungos como decompositoras. Elas ajudam na desintegração dos organismos mortos que serão reutilizados pelas plantas e animais, conforme citado no boxe acima.

Além disso, há bactérias que realizam o trabalho de converter o nitrogênio do ar em substâncias químicas que, assim como a matéria orgânica, serão usadas pelas plantas e animais. Ao transformar o nitrogênio em sais minerais e ajudar na assimilação de outras substâncias, como o ferro e o enxofre nas plantas, as bactérias atuam na fertilização do solo.

Você sabia?

Seres decompositores

As bactérias e fungos são seres vivos chamados de decompositores, ou saprófitas, pois alimentam-se dos corpos de organismos mortos (animais e plantas) ou de partes liberadas por seres vivos (dejetos, folhas, pelos, urina etc.), devolvendo para o ambiente nutrientes e substâncias importantes para as plantas.

Os decompositores transformam a matéria orgânica que será reutilizada por outros organismos.

AS BACTÉRIAS E O NITROGÊNIO

Adaptado de: <http://www.mundoeducacao.com.br/biologia/nitrificacao-desnitrificacao.htm>. Acesso em: 26 de set. de 2016.

A fertilidade do solo depende da ação das bactérias decompositoras, mas outro tipo de bactéria também contribui para o enriquecimento do solo.

Um dos elementos mais importantes para as plantas é o nitrogênio. Ao contrário de outros elementos que são encontrados a partir da desintegração das rochas, o nitrogênio precisa ser retirado do ar ou então de matérias orgânicas decompostas no solo. Esses dois processos são realizados com a ajuda de certas bactérias.

As bactérias fixadoras de nitrogênio obtêm do ar o nitrogênio necessário para as plantas. A mais comum das bactérias fixadoras é a *Rhizobium*. Esse tipo de bactéria vive tanto no solo como em raízes de plantas – especialmente leguminosas, como soja, feijão e ervilha –, e ao retirar o nitrogênio do ar, o transforma em sais nitrogenados importantes para o desenvolvimento dos vegetais.

Em contrapartida, com a decomposição da matéria orgânica que contém nitrogênio, é produzida a amônia, uma substância tóxica liberada para o ambiente. Essa substância, porém, sofre a ação de bactérias nitrificantes, as Nitrosomonas e as Nitrobacter, que transformam quimicamente a amônia em nitratos e nitritos, respectivamente, que poderão, aí sim, ser absorvidos de novo pelas raízes das plantas.

Fungos

O reino dos **FUNGOS** é formado por seres vivos unicelulares, como os levedos usados na fermentação da cerveja, e pluricelulares. Os fungos pluricelulares, em geral, apresentam filamentos microscópicos e longos chamados de hifas. Esses filamentos entrelaçados formam cordões e recebem o nome de micélios. Os fungos vivem melhor em ambientes úmidos e ácidos. Reproduzem-se por meio de esporos liberados pelo vento.

FUNGOS
Este site apresenta os principais tipos de fungos.
http://www.simbiotica.org/tiposfungos.htm
Acesso em: 26 de set. de 2016.

Cogumelos sobre tronco na Mata Atlântica (SP).

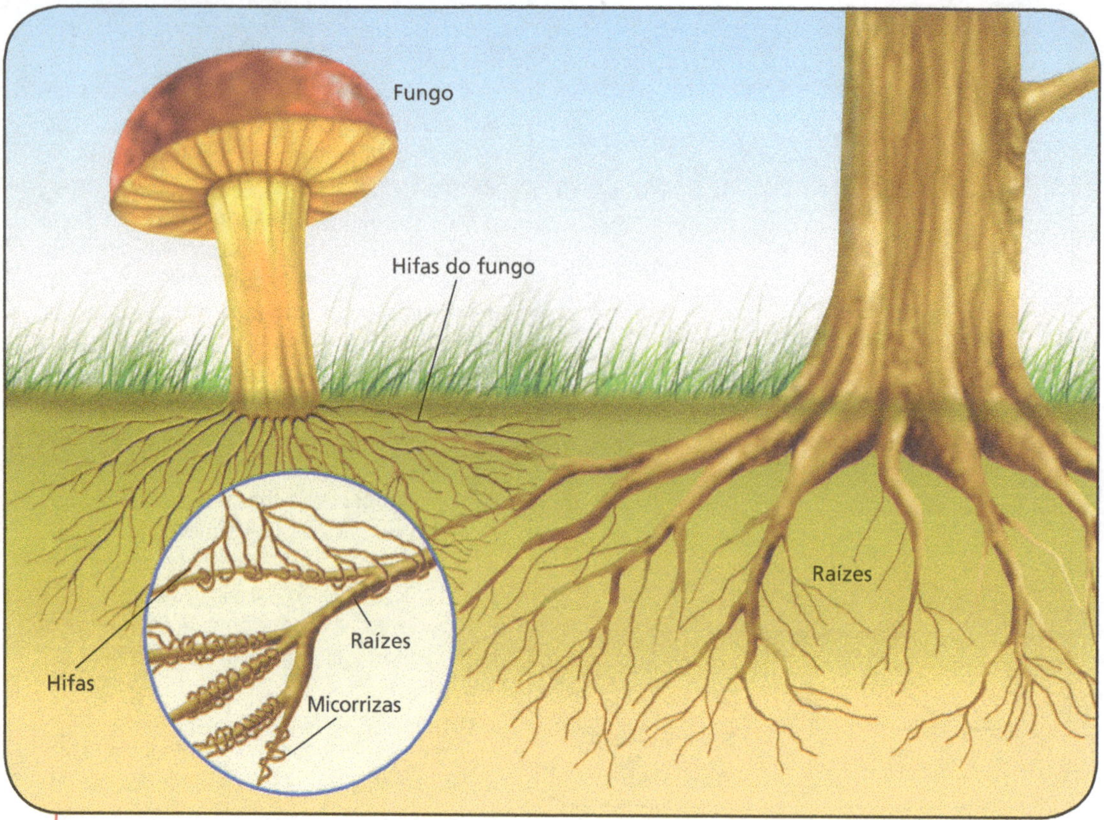

Esquema de micorrizas. Adaptado de: <http://www.infoescola.com/biologia/micorrizas>. Acesso em: 26 set. 2016.

A maior parte dos fungos, assim como as bactérias, é saprófita, ou seja, alimenta-se de organismos mortos e, por isso, é responsável pela decomposição da matéria orgânica. Alguns fungos causam o apodrecimento de frutas e também de madeiras – ao digerir a celulose presente nelas –, e reciclam o carbono, o nitrogênio e outros compostos do solo e do ar.

Fungos que vivem em associação, ou simbiose, com raízes de plantas são chamados de micorrizas. Esse tipo de fungo realiza uma troca com as plantas. Os fungos fornecem nutrientes, como fósforo, cálcio e potássio, e as plantas os alimentam com açúcares. As micorrizas ajudam as plantas a absorver melhor os nutrientes, melhorando seu desenvolvimento.

Você sabia?

Bactérias e fungos bons

Embora bactérias sejam sempre relacionadas a doenças, existem alguns tipos que são benéficos, como as que atuam no solo. Muitas bactérias causam doenças no homem e em outros animais, como difteria, pneumonia, tétano, tuberculose, cólera. Certas bactérias podem provocar uma séria intoxicação chamada botulismo; outras, ingeridas com alimentos contaminados, podem causar a salmonelose.

Já os fungos também são responsáveis por algumas doenças no homem, como as micoses, e em plantas. Ainda provocam o apodrecimento de madeira, tecidos e alimentos, trazendo prejuízos econômicos.

Mas existem também fungos comestíveis, como os cogumelos, e aqueles empregados na produção de bebidas como vinho e cerveja, por meio da fermentação das leveduras. Alguns fungos são usados na fermentação do leite para a produção de queijos e na produção de pães (fermentos biológicos).

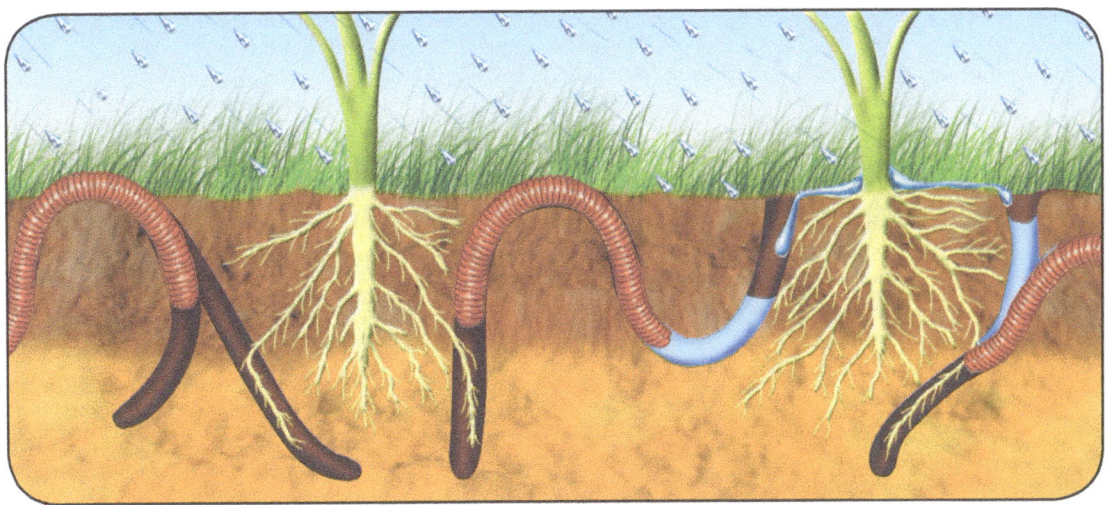

A minhoca faz buracos no solo e o aduba com seu valioso esterco. Ela abre caminhos para circulação de ar, água e raízes.

Minhocas

Vermes do grupo dos anelídeos, as minhocas são muito úteis para o solo. Elas passam a vida toda perfurando-o e preferem os solos úmidos e bem arejados. Precisam de matéria orgânica morta e minerais como fonte de alimentação, além de temperatura do solo por volta de dez graus.

As minhocas não sobrevivem em solos em condições de pouca umidade e altas ou baixas temperaturas. No caso de solos compactados, congelados ou secos, as minhocas tentam penetrar em profundidades maiores para encontrar condições mais favoráveis, caso contrário elas morrem.

Esse tipo de verme promove o transporte do solo subjacente para a superfície e vice-versa, e favorece sua granulação (ou seja, sua estrutura), pois o solo que a minhoca ingere é transformado em pequenos agregados arredondados por meio de seus excrementos. Esses dejetos servem de adubo natural, chamado de húmus, rico em nutrientes para as plantas.

O excremento das minhocas têm mais matéria orgânica, mais nutrientes, menor acidez e maior capacidade de troca de cátions que o próprio solo que ingeriram. Por isso, sua presença indica um solo saudável.

A influência das minhocas é importantíssima para a agricultura em países tropicais, pois os solos dessas regiões são naturalmente mais pobres em nutrientes que os das regiões de clima mais frio.

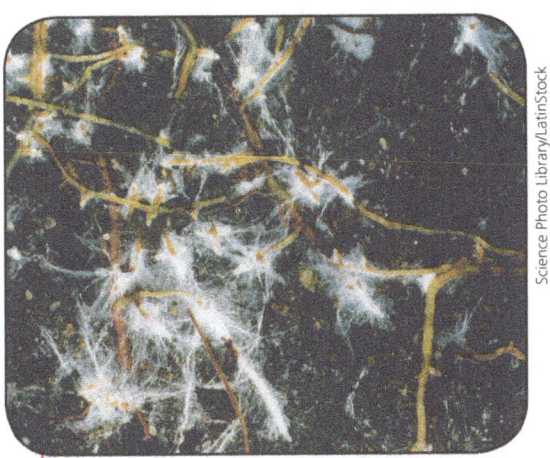

Alguns organismos do solo: micorrizas do pé de morango (esquerda) e minhoca (direita).

Formigueiro na região de Peruíbe (SP).

Outros pequenos animais no solo

Nem todos os organismos atuam como decompositores. Assim como as minhocas, eles podem alterar as características físicas do solo. A movimentação de grupos como besouros, minhocas, cupins e formigas leva a um aumento na porosidade do solo e, por causa disso, em sua capacidade de reter água. As formigas são capazes de triturar folhas que caem das árvores e picar frutos que apodrecem; cupins se alimentam de troncos mortos; besouros se alimentam de animais mortos. Eles podem, inclusive, alterar a estruturação do solo.

As formigas, ao construírem os formigueiros, arejam e adubam o solo. Elas trazem a terra de baixo para cima para fazer os túneis e as câmaras em que vivem. Para esses locais, as formigas levam folhas e restos de outros seres vivos. Os excrementos desses insetos são dissolvidos pela água e absorvidos pelas raízes das plantas. As formigas ingerem e manipulam matérias orgânicas e, pelos excrementos, ajudam a construir poros, tornando a estrutura do solo mais resistente à erosão causada pelos ventos e pelas chuvas.

Você sabia?

Troca catiônica

A capacidade de troca catiônica é a propriedade de reter nutrientes que certos minerais e a matéria orgânica apresentam. Tais nutrientes ficam grudados nos grãos.

Você sabia?

A minhoca ajuda o homem em diversas áreas

Agricultura

Minhocas ajudam a decompor material orgânico, digerindo-o e transformando-o em nutrientes que são repostos no solo. As minhocas do subsolo cavam túneis e, assim, criam passagens na terra para o ar, para a água e para as raízes das plantas. Este fenômeno já era conhecido no Egito antigo. A rainha Cleópatra e seus contemporâneos a chamavam de animal sagrado, por dar fertilidade às margens do rio Nilo.

Culinária

Na China e em Taiwan, a sopa de minhocas é servida tanto em feirinhas populares como em restaurantes sofisticados. Tribos da Amazônia também preparam minhocas. Na Califórnia, um concurso anual de receitas com o anelídeo é promovido por minhocultores. Qual o gosto da minhoca? "É meio adocicado, levemente terroso", diz Clive Edwards, especialista em minhocas da Universidade de Ohio, nos Estados Unidos.

Ecologia

Minhocas têm sido usadas para transformar excremento humano dos esgotos em adubo inodoro – as fezes da minhoca não têm mau cheiro. E também para limpar áreas contaminadas por produtos como o PCB (bifenil policlorado), conhecido cancerígeno, contaminante altamente persistente no ambiente, presente em plásticos e tintas. "Os túneis das minhocas oxigenam o solo, o que faz crescer a colônia de bactérias que degrada o PCB", diz Andrew Singer, da Universidade de Oxford, na Inglaterra.

Medicina

Cientistas japoneses conseguiram isolar da minhoca *Lumbricus rubellus* uma enzima chamada lumbroquinase, testada em tratamentos de câncer de próstata. Na Alemanha e na Colômbia, outras duas substâncias da minhoca estão sendo pesquisadas para a produção de antibióticos. Já na Universidade do Colorado, nos Estados Unidos, os vermes são cobaias de pesquisas sobre o envelhecimento.

Geologia

A teoria do supercontinente original, Pangeia, ganhou um aliado inesperado nas minhocas. A presença da mesma espécie em pontos diversos do planeta é um ponto a favor da teoria, diz o taxonomista californiano Sam James, especialista em minhocas. "Veja as minhocas do Caribe. Elas são quase idênticas às das ilhas Fiji. Como explicar isso? Elas devem ter vindo de um mesmo lugar", diz Sam.

Arqueologia

Foi Charles Darwin quem notou, no século XIX: as minhocas enterram qualquer coisa que esteja no chão. "Foram elas as principais responsáveis por enterrar tesouros de civilizações passadas, como moedas, objetos e até construções. Os arqueólogos devem suas descobertas a elas", disse Darwin em 1881, num livro sobre minhocas que escreveu (*A formação do solo pela ação das minhocas*).

Fonte: OPPERMANN, Álvaro. Qual é a utilidade das minhocas? *SuperInteressante*. São Paulo, n. 247, jul. 2007. Disponível em: <http://super.abril.com.br/mundo-animal/qual-utilidade-minhocas-447113.shtml>. Acesso em: 3 out. 2016.

Minhocas no solo, em Maharashtra (Índia).

O PERFIL DO SOLO

5

Vista aérea de estrada próxima a Brasília (DF).

A ROCHA SOFRE ALTERAÇÕES DE CIMA PARA BAIXO, OBEDECENDO O CAMINHO DA ÁGUA QUE SE INFILTRA CADA VEZ MAIS PROFUNDAMENTE, FAVORECENDO A FORMAÇÃO DE CAMADAS HORIZONTAIS DE SOLO PARALELAS À SUPERFÍCIE DO TERRENO.

Os pedólogos chamam essas camadas de horizontes. O conjunto vertical de horizontes é denominado perfil do solo.

Os **HORIZONTES DO SOLO** são muito diferentes uns dos outros e cada um tem um nome próprio. Em geral, os horizontes são identificados pelas letras O, A, B e C.

> **HORIZONTES DO SOLO**
> O site apresenta informações sobre o solo e uma ilustração intitulada "Perfil hipotético do solo", para entender melhor esse conceito.
> http://educar.sc.usp.br/ciencias/recursos/solo.html
> Acesso em: 26 de setembro de 2016.

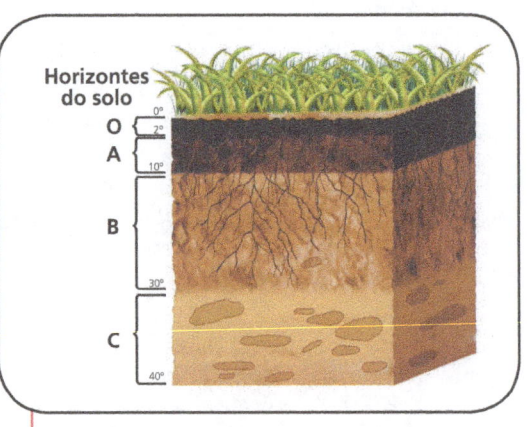

Esquema do perfil do solo.

O horizonte O é o mais superficial. Nele há uma mistura de restos de animais e vegetais, a matéria orgânica. Sua espessura depende das condições climáticas, da vegetação e do relevo. Nesse horizonte encontram-se os nutrientes produzidos por processos de decomposição da matéria orgânica. É visível em áreas de floresta e tem coloração escura.

Abaixo dele, vem o horizonte A. Ele é formado por matéria orgânica misturada com minerais. É o horizonte onde acontece grande atividade biológica e, por causa da presença de matéria orgânica, também tem coloração escura.

Em seguida, vem o horizonte B, que é um pouco mais profundo. É o horizonte mais desenvolvido do solo, além de possuir minerais de argila trazidos dos horizontes superiores a ele. Normalmente, ele tem cor avermelhada ou amarelada, proveniente do ferro. Nele, ocorre a concentração de minerais resistentes, como quartzo em pequenas partículas (areia e silte). Nem todos os solos apresentam o horizonte B, como é o caso dos muito jovens.

O horizonte C ainda não foi totalmente alterado. Ele é parecido com a rocha-mãe, que está abaixo dele, e por isso apresenta cores variadas.

Portanto, quanto maior a distância de uma camada até a rocha-mãe, maior a diferença entre os horizontes. Há solos que apresentam apenas os horizontes A e C, assim como outros que somente têm o horizonte A sobre a rocha-mãe. Existe também aqueles que perderam o horizonte A porque este foi retirado pelo homem. É possível encontrar vários tipos de horizontes A, com cores e composições diferentes, assim como vários horizontes B e C.

A presença dos diversos tipos de horizontes está relacionada às condições de formação e evolução do solo. Como elas variam de acordo com as circunstâncias do ambiente (material de origem, vegetação, clima, relevo, tempo), o tipo e o número de horizontes de um perfil de solo são diferentes. Desse modo, há uma composição enorme de horizontes para formar vários tipos de solo no mundo.

Processo de formação do solo a partir da rocha-mãe

Rochas | Solos jovens | Solo maduro

Quanto tempo o solo leva para se formar? Esse tempo depende da combinação dos fatores de formação. Por exemplo, em locais de clima quente e úmido, o solo forma-se mais rápido do que em locais de clima frio. Em geral, o solo leva milhares de anos para se formar e uma vida humana é insuficiente para ver todo esse processo de **EVOLUÇÃO**. O solo, mesmo depois de formado, sofre alterações.

> **EVOLUÇÃO DO SOLO**
> Este site apresenta uma animação sobre a evolução do solo, concebida pelo Projeto Solo, na Escola da Universidade Federal do Paraná (UFPR).
> http://www.escola.agrarias.ufpr.br/
> Acesso em: 26 de setembro de 2016.

Tudo o que é adicionado ao solo que não tenha vindo de seu material de origem, como animais e vegetais mortos, poeiras e cinzas trazidas pelo vento, pode ser considerado uma adição. E como esse material é depositado na superfície do solo, os horizontes O e A apresentam cor escura. A quantidade de matéria orgânica adicionada ao solo vai depender do tipo de vegetação existente, se esta é mais abundante ou se é escassa na região.

O solo pode sofrer perdas de materiais ao longo de sua vida. Esse processo pode acontecer na superfície ou em profundidade. Ele perde minerais pela água da chuva que penetra nele ou por causa da erosão. As principais perdas no solo ocorrem quando a água da chuva leva os materiais do solo para baixo ou para fora do horizonte.

Outro processo a que o solo está sujeito é o de transfomação. Ele acontece quando há modificação química, física ou biológica dos constituintes do solo. Como alguns solos apresentam argila se a rocha-mãe não a tem? Isso se dá pela alteração química que os minerais da rocha sofrem. Alguns minerais primários, como feldspatos e micas, transformam-se em argilas por alteração química.

Por fim, os solos podem também sofrer transportes de materiais orgânicos, minerais e água em seu interior, de cima para baixo e vice-versa.

A descoberta de diferentes tipos de solo

Areia, argila, ferro e minerais diversos dão cores diferentes ao solo. Os solos do mundo apresentam várias cores: o preto, o marrom, o vermelho, o alaranjado, o amarelo, o acinzentado etc. A cor é importante para diferenciar os horizontes em um perfil e também ajuda na classificação dos solos.

Essa variação dependerá do material de origem, isto é, dos minerais da rocha-mãe que têm cores variadas e aparecem no solo também. Além disso, a cor vai depender da posição do solo na paisagem, da quantidade e do conteúdo da matéria orgânica e da quantidade de água presente nele. A cor escura, por exemplo, pode indicar que o solo tem muita matéria orgânica.

As cores que vão do vermelho ao amarelo indicam a quantidade de óxidos de ferro existentes no solo. A grande quantidade desses óxidos de ferro confere uma tonalidade vermelha ao solo, como ocorre com o chamado Latossolo Vermelho (denominado antigamente de terra roxa).

Já os solos com grande quantidade de quartzo possuem uma coloração clara. Em solos com pouca capacidade de drenagem, com excesso de água, prevalece a cor acinzentada, indicando que o ferro foi reduzido, deixando de ter a coloração avermelhada ou amarela, comum em solos drenados.

Solo vermelho-amarelado da região de Gilbués (sul do Piauí).

Solo de cor escura.

Solo acinzentado da região do Pantanal (MS).

CARTA DE MUNSELL

Para a observação das cores do solo, existe um livro chamado *Carta de Munsell*, no qual se pode verificar quais nomes são dados às cores do solo a partir de uma tabela.

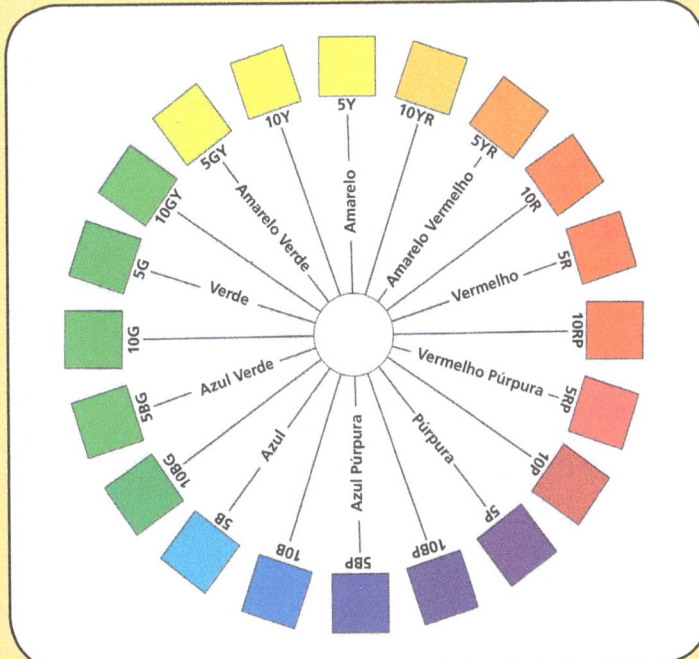

Círculo de cores de Munsell (Fonte: Fitt & Thornley, 1997).

A *Carta de Munsell* é uma ferramenta utilizada na agronomia e na pedologia para identificar a cor de um solo. Ela é baseada no sistema de cores de Munsell, um dos primeiros criados para classificação de cores. O livro leva esse nome porque foi desenvolvido pelo professor norte-americano Albert H. Munsell, no início do século XX.

Esse sistema parte da percepção visual e, por isso, é de fácil e rápida aplicação em trabalhos de campo. Na comparação visual são levados em conta o matiz, qualidade que distingue uma cor da outra e depende do comprimento de onda da luz; o valor, brilho ou tonalidade; e o croma, que é a intensidade ou pureza da cor em relação ao cinza.

Fonte: http://www.arq.ufsc.br/labcon/arq5656/
Curso_Iluminacao/07_cores/espaco_01.htm.
Acesso em: 26 set. 2016.

A observação das características do solo

Além de terem cores diferentes, os solos podem ser rasos ou profundos; uns mais duros do que os outros; mais permeáveis do que outros; uns podem ser mais argilosos e outros mais arenosos. Mas como observar essas diferenças?

Para observar o solo, os especialistas muitas vezes aproveitam aqueles expostos em barrancos de estrada.

Se isso não for possível, pode-se abrir um buraco, denominado trincheira, ou então usar uma ferramenta, o trado, para furar o solo e retirar amostras.

Kim-Ir-Sen

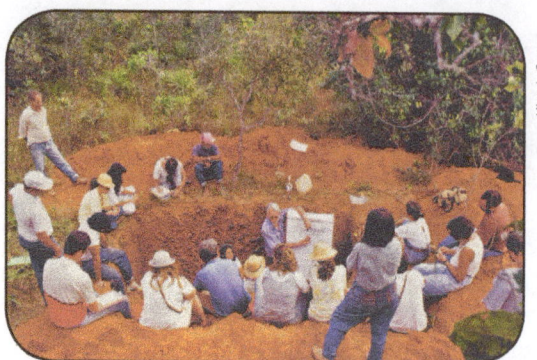

Alunos da UnB em pesquisa de campo. São João d'Aliança (GO).

No trabalho de campo, os especialistas vão observar a morfologia do solo. Isto é, eles vão observar a aparência do solo vísivel a olho nu e fazer uma descrição detalhada e organizada das características de cada horizonte.

O estudo começa com a observação e a descrição da cor de cada horizonte. Ao sentir o solo molhado entre os dedos, é possível saber se ele tem mais areia, silte ou argila, pois a areia arranha os dedos, o silte produz uma sensação de talco nas mãos e a argila é plástica e pegajosa.

Também é possível perceber se ele é mais duro ou mais solto, e a espessura de cada horizonte é medida com um metro. Os animais que vivem no solo e os tipos de plantas e raízes também são observados.

No trabalho de campo, são usados materiais como o martelo, a faca, o metro, a pá e o trado. Além disso, é preciso ter em mãos um caderno para anotações, a *Carta de Munsell* e água para molhar o solo.

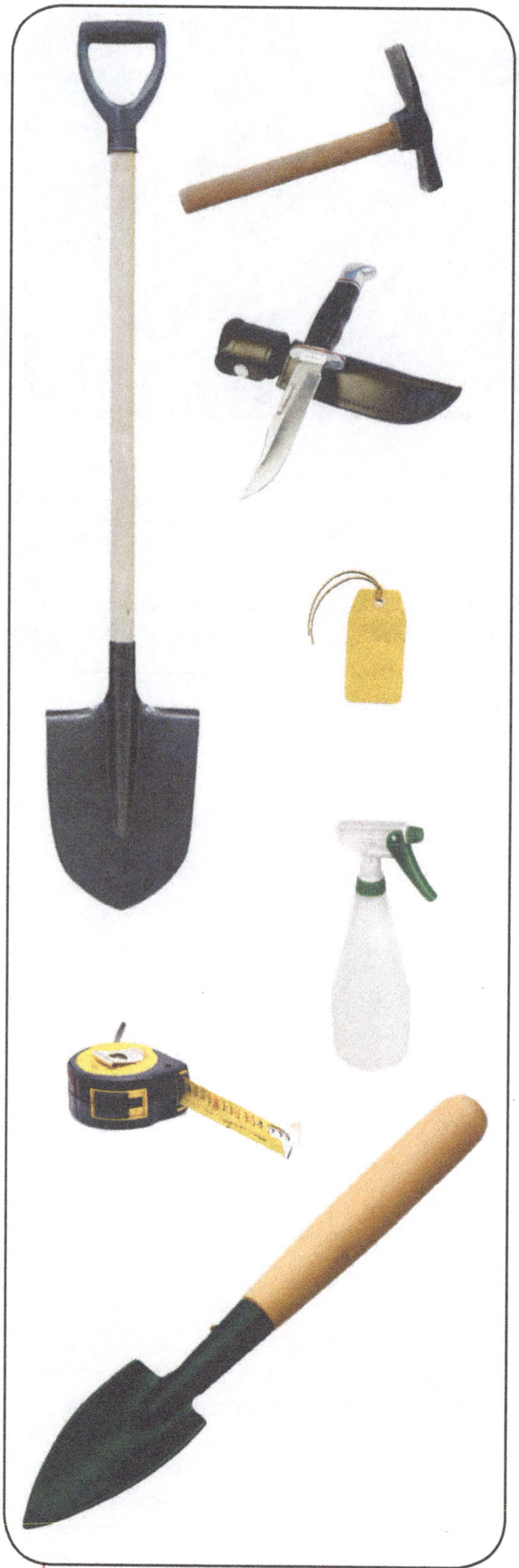

Jupiter Unlimited/Image Plus

Material usado nas pesquisas de campo: pás, martelo, faca, etiqueta, pulverizador e trena.

Você sabia?

Tipos de solo

Há solos de vários tipos, de várias composições e cores. Alguns são mais argilosos do que outros, uns mais claros do que outros, como os tipos abaixo:

Solo arenoso

Douglas Cometti/Folhapress

O solo arenoso é composto de uma quantidade maior de areia, é permeável e deixa a água e o ar passarem com facilidade. Esse tipo de solo é pobre em vegetação, pois não tem a quantidade necessária de nutrientes para fornecer às plantas.

Solo argiloso

Fabio Colimbini

Os solos com maior quantidade de argila são chamados de argilosos. Eles têm grãos pequenos e achatados e são impermeáveis, pois dificultam a passagem da água.

Solo humífero

Palê Zuppani/Pulsar Imagens

O solo humífero é rico em nutrientes, tem aspecto escuro e muita matéria orgânica em decomposição, tornando-o bastante fértil. O húmus é bom para o cultivo de plantas e para a jardinagem.

Solo calcário

Ricardo Azoury/Pulsar Imagens

O solo calcário é o tipo de solo formado por partículas de rochas, restos de animais decompostos e conchas trituradas. Ele é um solo rico em cálcio e pode ser encontrado em cidades de praia.

Os nomes dos solos

Assim como os horizontes têm nome, os solos também têm. Existem muitos solos diferentes no mundo e foi preciso fazer um estudo para dar nome a eles, agrupá-los e classificá-los.

Ao longo do tempo, com o avanço dos estudos sobre os solos, os nomes foram mudando. Antigamente, os solos tinham nome de acordo com sua cor ou com seu material de origem. "Terra roxa", por exemplo, é um solo vermelho (*rosso*, em italiano). Esse nome foi dado pelos imigrantes italianos que trabalhavam nas fazendas de café. Atualmente, os nomes estão classificados de acordo com um conjunto de características dos solos.

Você sabia?

Sistema Brasileiro de Classificação de Solos

Classificar os tipos de solo passou a ser uma prioridade para os especialistas brasileiros a partir da década de 1970. A primeira versão do Sistema Brasileiro de Classificação de Solos (SiBCS) foi apresentada à comunidade científica em 1999 pela Empresa Brasileira de Pesquisa Agropecuária (Embrapa). Foi o primeiro sistema adotado pelo Brasil. Até então, eram usados sistemas referenciais de outros autores. Em meados de 2006, foi lançada a segunda edição.

O SiBCS é um sistema aberto e, portanto, sujeito a modificações. Ele tem uma nomenclatura própria e está estruturado em quatro níveis: ordem, subordem, grande grupo e subgrupo. A elaboração do SiBCS é coordenada pelo Centro Nacional de Pesquisas de Solos (CNPS) da Embrapa Solos.

SiBCS

Este site descreve em detalhes o Sistema Brasileiro de Classificação de Solos.
http://www.cnps.embrapa.br/solos
Acesso em: 26 set. 2016.

Dois nomes de solo são muito comuns no Brasil e no mundo: Latossolos e Argissolos. Esses nomes parecem esquisitos, mas têm um significado. Latossolo, por exemplo, vem da palavra laterita e indica um solo muito evoluído. O Argissolo é assim chamado porque tem acúmulo de argila no horizonte B.

Os Latossolos podem ser vermelhos, mas também apresentam outras cores, como os amarelos e os vermelho-amarelos (alaranjados). São solos muito homogêneos e os horizontes O, A, B, C apresentam quase a mesma cor.

Latossolo vermelho.

Argissolo da região de Alto Paraíso, na Chapada dos Veadeiros (GO).

O Argissolo apresenta horizontes de cores diferentes. A parte intermediária dele é o horizonte B, onde a argila acumulou-se após sair dos horizontes superiores e descer pelos poros do solo com a água. O Argissolo, assim como o Latossolo, pode aparecer na natureza com outras cores diferentes, como o vermelho, o amarelo e o acinzentado.

Tanto os Latossolos como os Argissolos são muito desenvolvidos, aparecendo em locais de clima quente e úmido; portanto, entre os trópicos.

Conforme o mapa abaixo, eles aparecem nas zonas equatorial úmida e tropical. Solos menos desenvolvidos aparecem nas faixas de clima mais frio, nas zonas cobertas com gelo e nos desertos, onde muitas vezes não há solo.

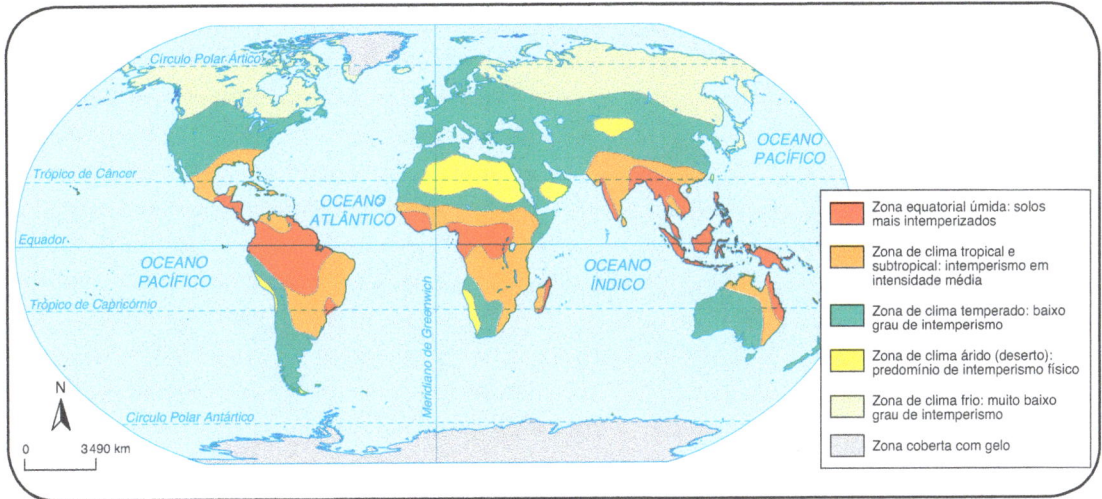

Principais zonas climáticas do mundo que coincidem com áreas de diferentes tipos de intemperismo. Fonte: Lepsch (2002).

Latossolos e Argissolos no Brasil

Muitos são os solos que podem ser encontrados no Brasil. Contudo, dois deles ocupam boa parte do território nacional: o Latossolo e o Argissolo.

Os solos brasileiros são tropicais, ou seja, são muito desenvolvidos porque estão sempre sob ação da água da chuva e do calor ao longo do ano. Isso faz com que as rochas sejam alteradas cada vez mais rápido. Por isso, os solos tropicais são mais profundos do que os solos das regiões frias e também dos desertos, que não têm muita água.

Os Latossolos são os que cobrem a maior parte do território brasileiro, e podem ser encontrados em todos os estados. São solos avermelhados, por causa da grande quantidade de argila e ferro, apresentam porosidade e boa drenagem. Os Latossolos brasileiros são bem desenvolvidos e espessos, chegando a atingir dezenas de metros por causa da forte atuação das temperaturas elevadas e das chuvas abundantes a que foram submetidos.

Por estarem sujeitos ao intemperismo intenso, os Latossolos brasileiros são pobres em nutrientes e ácidos. Atuamente, com o avanço das pesquisas, há cada vez mais o emprego ade-

Você sabia?

Desertos e áreas geladas

Nas zonas de clima árido (desertos), não há solo, pois não há água. Esse fenômeno também ocorre nas zonas cobertas de gelo, pois não há água no estado líquido para favorecer o intemperismo químico das rochas. Tanto a falta de água como a água em estado sólido impedem que a rocha se transforme em solo.

quado de corretivos da acidez, ou seja, calagem (acréscimo de calcário triturado) e adição de fertilizantes em quantidades certas, tornando os solos mais férteis. Os Latossolos aparecem em relevo mais plano, o que dificulta a erosão, e, por serem estáveis, suportam grandes construções e estradas.

No Brasil, existem os Latossolos vermelhos, vermelho-amarelos (alaranjados), amarelos e brunos (marrons).

que acaba favorecendo a erosão. Isso acontece porque esses solos apresentam, abaixo do horizonte A, um horizonte arenoso (horizonte E) sobre um horizonte argiloso (horizonte B textural, ou simplesmente Bt).

Esses solos são menos profundos do que os Latossolos e apresentam limitações para a agricultura. Dependendo da rocha-mãe, podem ser ácidos, pobres em nutrientes e suscetíveis à erosão.

No Brasil, é possível encontrar Argissolos vermelhos, vermelho-amarelos (alaranjados) amarelos, brunos (marrons) e acinzentados.

Fonte: CER, João Carlos. Latossolos do Brasil: uma revisão. *Geonomes*, 5(1): 17-40, 1997. Disponível em: <http://www.igc.ufmg.br/geonomos/PDFs/5_1_17_40_Ker.pdf>. Acesso em: 26 set. 2016.

Distribuição das áreas de ocorrência de Argissolos no Brasil.
Disponível em: <http://www.dcs.ufla.br/Cerrados/Portugues/CArgissolo.htm>. Acesso em: 26 set. 2016.

Os Argissolos ocupam grande parte do território nacional e encontram-se em quase todos os estados. Localizam-se em relevo ondulado, o

Você sabia?

Solos ácidos e alcalinos

Um solo ácido tem seu pH (potencial hidrogeniônico) menor do que 7; e um solo é alcalino quando seu pH é maior do que 7. Os solos ácidos perderam o cálcio, o magnésio, o potássio e o sódio por lixiviação (lavagem pela água da chuva). Para corrigir a acidez do solo, é preciso adicionar corretivos como o calcário. O sal que existe nos mares é, em boa parte, proveniente da lixiviação dos solos.

O SOLO E O AMBIENTE

6

Erosão no cerrado brasileiro. Parque Nacional da Chapada dos Veadeiros (GO).

O MEIO AMBIENTE TEM SIDO MOTIVO DE PREOCUPAÇÃO CADA VEZ MAIOR. PROBLEMAS AMBIENTAIS OCORREM EM TODOS OS PONTOS DO PLANETA, E O SOLO É UM DOS QUE MAIS SENTEM AS GRAVES CONSEQUÊNCIAS.

O solo é um meio natural que dá suporte à vida, ou seja, aos animais, aos vegetais e aos seres humanos, por isso é preciso conservá-lo. Atualmente, essa não tem sido uma tarefa tão fácil. Para diminuir os impactos ambientais e conservar melhor o solo, deve-se primeiro conhecê-lo e estudá-lo.

Quando o homem desmata a vegetação natural ou provoca queimadas, o solo fica exposto e desprotegido, fenômeno denominado erosão. O uso inadequado empobrece o solo, favorece a erosão e pode contaminá-lo, tornando-o um problema para todos os seres vivos.

Erosão e desmatamento

A chuva, o vento e as variações de temperatura provocam a desagregação das rochas. Esses mesmos fatores atuam no solo, causando a desagregação das partículas que aos poucos são removidas e transportadas para rios, lagos e oceanos. A esse processo é dado o nome de erosão.

A **EROSÃO** pode ser natural ou causada pelo homem. Em condições naturais, ao longo dos anos, o solo sofre o processo de erosão muito lentamente e, muitas vezes, ele é recomposto pela própria natureza. A erosão natural pode ser provocada pela ação da água da chuva (erosão hídrica) ou pelo vento (erosão eólica).

> **EROSÃO DO SOLO**
> Assista a uma interessante animação que retrata o processo de erosão do solo.
> http://videoseducacionais.cptec.inpe.br/swf/solo/3_2
> Acesso em: 26 set. 2016.

Erosão eólica

A erosão causada pelo vento consiste no transporte de partículas de solo pelo ar. É comum aparecer em áreas planas e descampadas, com o solo seco. Para que isso aconteça, é preciso haver correntes constantes de ar e partículas soltas em contato com outras partículas desagregadas de rochas. Essas condições estão presentes, por exemplo, em regiões litorâneas.

Erosão hídrica

A água é um importante agente erosivo. Tudo começa com o impacto das gotas de chuva sobre o solo exposto, favorecendo o escoamento superficial, ou a enxurrada. As gotas de chuva desagregam o solo e deixam as partículas soltas, o que facilita seu escoamento para as partes mais baixas do terreno. Ali se depositam, enchendo os rios de terra e causando enchentes. As enxurradas não só transportam as partículas de solo, mas também seus nutrientes e sais minerais associados a elas. Esse processo é acelerado em áreas desprotegidas de vegetação.

Alguns solos estão mais sujeitos à erosão do que outros. Os solos arenosos têm alta permeabilidade, mas as partículas de areia podem ser facilmente degradadas pela água. Os solos argilosos, por sua vez, quando apresentam baixa permeabilidade, estão menos suscetíveis à erosão.

A **EROSÃO HÍDRICA** ocorre em três etapas: primeiro aparece a desagregação do solo; em seguida, o transporte das partículas; e, por fim, a deposição dessas partículas, transformando-as em sedimentos. As principais formas de erosão hídrica são: a laminar, quando a água corre de maneira uniforme pela superfície como um todo, removendo lentamente uma fina camada; a de sulcos ou ravinas, quando a água se concentra em alguns pontos, abrindo valetas ou filetes com alguns centímetros de profundidade; e as de voçorocas, quando se formam sulcos profundos na superfície do solo.

Se as voçorocas não forem controladas ou estabilizadas, elas podem comprometer todo tipo de utilização do solo, impedindo o uso na agricultura, ameaçando obras viárias. Esse tipo de erosão torna o solo improdutivo.

Erosão do solo causada pelo desmatamento, em Manoel Viana (RS).

> **EROSÃO HÍDRICA**
> O vídeo indicado neste site mostra o processo de erosão hídrica.
> http://videoseducacionais.cptec.inpe.br/swf/solo/3_at
> Acesso em: 26 set. 2016.

Voçoroca causada pela ação da erosão pluvial em área desmatada, em Manoel Viana (RS).

Erosão e a ação do homem

A erosão hídrica pode ser agravada pela ação humana, como o desmatamento, um problema que vem aumentando em todo o mundo. Causado principalmente pelo aumento da produção agrícola e de pastagens em larga escala, o desmatamento também é decorrente do crescimento urbano e da mineração.

Ao retirar a vegetação de determinado local para algum tipo de atividade agrícola, como a lavoura, o homem provoca o enfraquecimento do solo. O desmatamento, ao deixar o solo mais exposto, facilita e acelera a erosão natural.

A água da chuva, por exemplo, não encontrando a cobertura vegetal, que serve como uma capa protetora, atinge a superfície com maior força. Sem as raízes que protegem as partículas do solo, a água escorre pela terra. Esse material pode ser levado para o fundo de rios e lagos, provocando o assoreamento, ou seja, a obstrução do fluxo da água, diminuindo a vazão e facilitando a ocorrência de enchentes. No caso de morros e encostas, a erosão resultante do desmatamento pode causar deslizamentos de terras e de rochas.

Solo exposto devido a queimadas no cerrado (DF).

O desmatamento pode ocorrer por meio de queimadas e incêndios florestais. Muitas queimadas são feitas pelo homem para limpar e ampliar as áreas de plantio ou de pastagem. O fogo, entretanto, elimina os microrganismos responsáveis pela decomposição da matéria orgânica, diminuindo os nutrientes do solo e enfraquecendo-o. Além de acabar com a fertilidade da terra, as queimadas matam plantas e animais e são, em boa parte, responsáveis pela poluição do ar.

IMPACTOS AMBIENTAIS DO DESMATAMENTO

O desmatamento provocado pelas atividades humanas é responsável pela degradação do solo e pelo extermínio de florestas. Sem a cobertura vegetal, que ajuda a regular a temperatura, e com a consequente diminuição das chuvas, o clima é afetado em todo o planeta.

Assim, os principais efeitos do desmatamento são:
- Aumento da erosão e empobrecimento do solo.
- Assoreamento de rios e lagos e degradação dos mananciais.
- Diminuição dos índices de chuva.
- Perda da biodiversidade.
- Elevação das temperaturas; redução da umidade relativa do ar e aumento do efeito estufa, entre outras razões, por causa da maior concentração de gás carbônico na atmosfera.
- Diminuição da qualidade da água, contaminada por produtos químicos levados pela erosão para rios e lagos.
- Agravamento dos processos de desertificação, resultado da combinação de todos os fatores citados.
- Aumento de pragas e doenças causadas pelo desequilíbrio nas cadeias alimentares.

Assoreamento provocado pela erosão no rio Toropi, Mata (RS).

Você sabia?

Desertificação

A desertificação é um processo pelo qual o solo é transformado em deserto em áreas já muito degradadas. Isso acontece por meio da ação humana ou mesmo por um processo natural, dependendo do local em que ocorre. O desmatamento, por exemplo, diminui ou até acaba com a vegetação, o solo perde suas propriedades, tornando-se infértil. O uso inadequado do solo e da água na agricultura, na pecuária e na mineração, além da irrigação mal planejada que provoca a salinização dos solos, são as causas mais frequentes da desertificação.

No Brasil, a área mais atingida pelos processos de desertificação está no semiárido da região Nordeste.

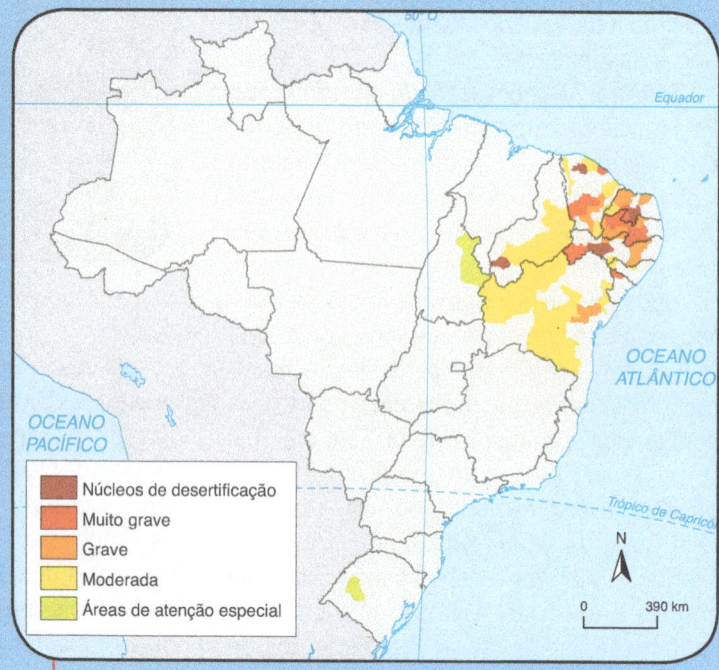

Fonte: Ministério do Meio Ambiente, dos Recursos Hídricos e da Amazônia Legal (1992).

Desertificação no Brasil

A página do Programa de Combate à Desertificação e Mitigação dos Efeitos da Seca na América do Sul apresenta valiosas informações sobre o processo de desertificação que ocorre no Nordeste brasileiro. Disponível em: <http://www.iicadesertification.org.br/>. Acesso em: 26 set. 2016.

Erosão e manejo do solo

A forma de manejar o solo é importante para entender as perdas pelo processo de erosão. Um solo coberto com vegetação está menos suscetível à erosão e pode absorver mais água da chuva. Um solo cultivado com lavouras anuais, ou monoculturas, como o milho, o algodão e a soja, está mais sujeito a sofrer erosão do que o cultivado com plantas perenes, como a laranjeira e o café.

Isso acontece porque nas culturas anuais a produção ocorre apenas uma vez por ano, de modo que é preciso cultivar outra planta a cada nova produção. O solo é então preparado, a cada novo ciclo, por máquinas e agentes químicos que podem enfraquecê-lo. O empobrecimento da terra também ocorre nas monoculturas, em que apenas um tipo de cultivo é realizado em uma área extensa, para atingir uma produção maior.

Já nas culturas perenes, as lavouras não "morrem". Assim, não é preciso replantar após um ciclo, como é o caso do café e o da laranja. A interferência de máquinas no solo, nessas culturas, é menor e, por cobrirem o solo de forma permanente, diminuem os riscos de erosão.

Colheita de soja na Fazenda Fartura, a 200 km de Cuiabá (MT).

MANEJO DO SOLO

O manejo do solo é a forma como o homem interfere na constituição e na estrutura física do solo, para que possa ser cultivado adequadamente. Para isso, várias práticas foram desenvolvidas ao longo dos anos, a partir da simples observação dos tipos de solo. O objetivo central dessas práticas de manejo sempre foi aumentar a produtividade do solo. Elas também ajudam a evitar o desgaste e a erosão do solo. Contudo, mal aplicadas, podem levar à destruição do solo.

A escolha das práticas de manejo depende de vários fatores, como:
- textura do solo;
- resíduos de vegetação;
- umidade do solo;
- existência (ou não) de áreas compactadas e duras;
- existência (ou não) de terreno pedregoso (cheio de pedras);
- riscos de erosão;
- uso (ou não) de máquinas.

As práticas podem ser convencionais ou conservacionistas. As práticas convencionais trazem maiores riscos de degradação ambiental. Envolvem a aragem do solo para romper a camada compacta, revolver a terra, possibilitando a aeração e a retenção de água no solo, além de levar húmus para a superfície.

Já o plantio direto é uma prática conservacionista e consiste no manejo do solo visando diminuir os impactos da agricultura. Nesse sistema, são usadas técnicas para produzir, preservando a qualidade ambiental. O solo é então cultivado com restos vegetais de outras culturas, garantindo a proteção contra a erosão, e a retenção de mais água e mais matéria orgânica. No plantio direto, não há preparo do solo e é feita a rotação de culturas.

Preparação do solo para plantio de cana-de-açúcar em Guariba (SP).

A agricultura faz com que o solo fique cada vez mais pobre, pois as plantas retiram dele todos os nutrientes necessários para seu crescimento. Alguns solos são menos férteis do que outros e precisam de adubos para continuarem a produzir alimentos. Além disso, a agricultura deixa o solo exposto boa parte do tempo, provocando a erosão, especialmente quando se planta em morros.

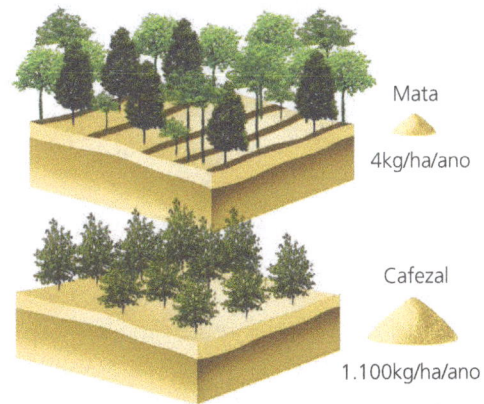
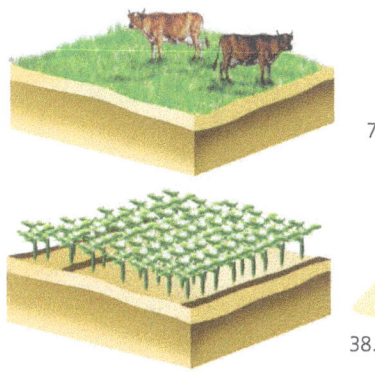

Poluição do solo

Várias causas podem ser apontadas para a **POLUIÇÃO DO SOLO**. O uso de agrotóxicos para matar as pragas em plantas tem contribuído, e muito, para isso. O lixo também é apontado como causa da degradação do solo ao contaminar o terreno, podendo afetar, ainda, o lençol freático. A mineração tem seu papel ao realizar escavações na extração de minérios, como ouro, prata e cobre, destruindo a vegetação e contaminando o solo com mercúrio, metal usado para facilitar o garimpo.

> **POLUIÇÃO DO SOLO**
> O site apresenta várias informações sobre poluição do solo.
> http://www.cetesb.sp.gov.br/Solo/solo/poluicao.asp.
> Acesso em: 26 set. 2016.

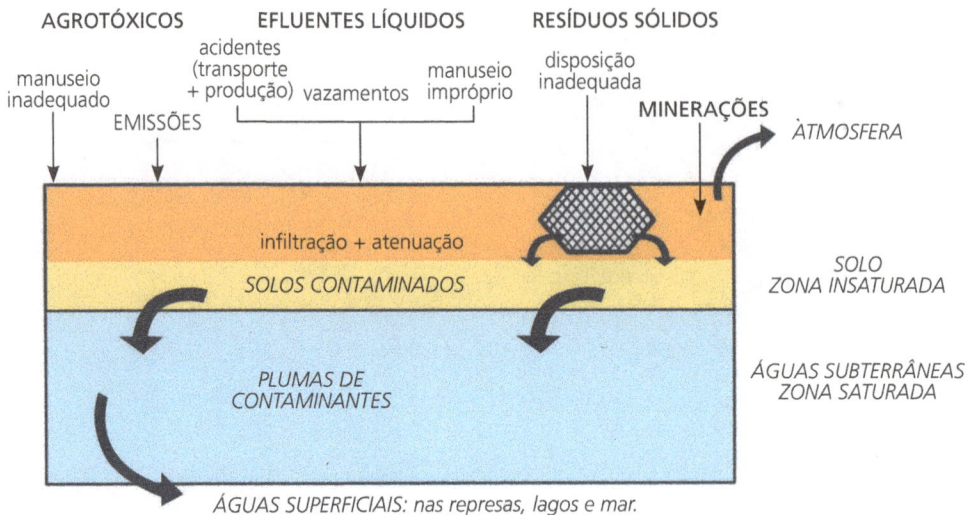

Erosão e esgotamento do solo por agricultura inadequada. Adaptado de: http://www.cetesb.sp.gov.br/Solo/solo/poluicao.asp

Os agrotóxicos

São considerados agrotóxicos os produtos e agentes de processos físicos, químicos ou biológicos, destinados ao uso nos setores de produção, armazenamento e beneficiamento dos produtos agrícolas, nas pastagens, na proteção de florestas (nativas ou implantadas) e de outros ecossistemas e também de ambientes urbanos, hídricos e industriais, cuja finalidade seja alterar a composição da flora ou da fauna, a fim de preservá-las da ação danosa de seres vivos considerados nocivos (Lei Federal nº 7.802, de 11 de julho de 1989).

Produtos químicos usados para destruir insetos, ácaros, ervas daninhas, fungos e todo tipo de praga, os agrotóxicos podem até ajudar na produção, mas causam muitos danos ao meio ambiente, desequilíbrio nas propriedades do solo e contaminação de plantas e animais.

Aplicação de agrotóxico em plantação de cana-de-açúcar, em Campos de Goytacazes (RJ).

Além de provocar acidez no solo, os componentes químicos contaminam os rios. Quando chove, a água infiltrada no solo leva esses agentes químicos, em geral venenosos, até rios, lagos, oceanos e mares, prejudicando a saúde dos animais, das plantas e do homem. O gado, por exemplo, ao comer pasto envenenado, transmite essas substâncias tóxicas para a carne e para o leite, que serão consumidos pelo homem.

O grande problema é a utilização indevida de agrotóxicos em quantidades fora do controle. O uso de máquinas e técnicas de aplicação inadequadas e a escolha errada do produto podem comprometer o solo.

Os agrotóxicos, de acordo com sua ação, podem ser classificados como:
- Inseticidas – matam as pragas por contato e ingestão;
- Fungicidas – agem sobre os fungos, impedindo sua proliferação;
- Herbicidas – agem sobre as ervas daninhas;
- Acaricidas – agem sobre os ácaros;
- Bactericidas – controlam as bactérias;
- Nematicidas – eliminam os nematoides do solo;
- Moluscidas – controlam as lesmas.

Esses produtos também são classificados conforme sua natureza química: organoclorados, organofosforados, carbamatos e piretroides. Os organoclorados, como o Aldrin e o DDT (sigla de dicloro-difenil-tricloroetano), os mais conhecidos, são considerados os mais perigosos, pois pequenas quantidades dessas substâncias acumulam-se no solo e permanecem no ambiente por muitos anos, contaminando aquíferos, plantas, animais e até os alimentos.

Você sabia?

Métodos alternativos

Existem alguns métodos alternativos para substituir ou, pelo menos, diminuir o uso de agrotóxicos.

O controle biológico é um procedimento que consiste na utilização de um organismo para atacar outro que esteja causando danos às lavouras.

Outra alternativa é o chamado manejo integrado de pragas (MIP), caracterizado por um conjunto de procedimentos: manter as pragas longe das lavouras, fazer rotação de culturas e utilizar o controle biológico. Sem deixar de lado o uso racional de produtos químicos, o manejo integrado de pragas busca interferir o mínimo possível no ecossistema.

Outro método alternativo é a agricultura orgânica, que visa manter a fertilidade do solo, evitando a poluição.

Para isso, além de utilizar a técnica de rotação de culturas, elimina o uso de substâncias químicas, preservando o bem-estar de plantas e animais.

O lixo

O lixo também é um importante agente de degradação do solo e é motivo de preocupação para os ambientalistas. O acúmulo de lixo doméstico, hospitalar e industrial, como embalagens de plástico e de metal, pode afetar profundamente o solo, porque o material sólido do lixo leva muito tempo para desaparecer do ambiente.

As soluções para acabar com o lixo, como a incineração e a deposição em aterros, não cumprem seu papel. O lixo depositado em buracos cavados em aterros, por exemplo, após a decomposição da matéria orgânica, libera uma substância poluente que contamina o solo. Nos aterros, a mistura do lixo tóxico com o lixo comum é outro fator que provoca a poluição do solo. Já a

Lixo jogado a céu aberto, poluindo o solo. Aterro sanitário em Boa Vista (RR).

incineração causa a liberação de fumaça tóxica, poluindo o ar. Não se pode esquecer que ainda hoje é possível encontrar em pequenas e grandes cidades os lixões a céu aberto, constituindo grave problema para o solo e para a saúde pública.

Para diminuir esse problema, é preciso reduzir a quantidade de lixo produzida, o que não pode ser considerado fácil no mundo moderno. Assim, resta tentar novos caminhos, como a reciclagem e o uso de materiais biodegradáveis.

ATIVIDADES DE USOS E OCUPAÇÕES DO SOLO POTENCIALMENTE POLUENTES	
Aplicação no solo de lodos de esgoto, lodos orgânicos industriais, ou outros resíduos	Aterros e outras instalações de tratamento e disposição de resíduos
Silvicultura	Estocagem de resíduos perigosos
Atividades extrativistas	Produção e teste de munições
Agricultura/horticultura	Refinarias de petróleo
Aeroportos	Fabricação de tintas
Atividades de processamento de animais	Manutenção de rodovias
Atividades de processamento de asbestos	Estocagem de produtos químicos, petróleo e derivados
Atividades de lavra e processamento de argila	Produção de energia
Enterro de animais doentes	Estocagem ou disposição de material radioativo
Cemitérios	Ferrovias e pátios ferroviários
Atividades de processamento de produtos químicos	Atividades de processamento de papel e impressão
Mineração	Processamento de borracha
Atividades de docagem e reparação de embarcações	Tratamento de efluentes e áreas de tratamento de lodos
Atividades de reparação de veículos	Ferros-velhos e depósitos de sucata
Atividades de lavagem a seco	Construção civil
Manufatura de equipamentos elétricos	Curtumes e associados
Indústria de alimentos para consumo animal	Produção de pneus
Atividades de processamento do carvão	Produção, estocagem e utilização de preservativos de madeira
Manufatura de cerâmica e vidro	Atividades de processamento de ferro e aço
Hospitais	Laboratórios

Fonte: www.cetesb.sp.gov.br/Solo/solo/poluicao.asp. Acesso em: 03 out. 2016.

COMPACTAÇÃO DO SOLO

A compactação do solo, tanto por máquina agrícola como por pisoteio efetuado por animais ou pelo próprio homem, diminui a porosidade do solo. Com isso, a água não consegue se infiltrar

Arado é alternativa à compactação do solo.

A compactação diminui a porosidade do solo.

profundamente, escorre pela superfície e causa erosão. A compactação também dificulta a penetração das raízes das plantas, prejudicando seu bom desenvolvimento.

É muito difícil resolver o problema de compactação do solo. Medidas preventivas, como o controle do tráfego sobre o solo, a manutenção da matéria orgânica, a calagem e o plantio direto, podem diminuir seus efeitos. Para reduzir a compactação do solo, é preciso revolvê-lo, usando arado, por exemplo.

Como preservar o solo

Muitos solos que sofreram erosão, perderam a fertilidade ou estão poluídos. Portanto, não vão se recuperar mais.

Lembre-se de que o solo leva bastante tempo para se desenvolver, muitas vezes milhares de anos! Por isso a **PRESERVAÇÃO DO SOLO** é fundamental.

Alguns problemas, contudo, podem ser resolvidos ou, pelo menos, amenizados:

- fazer o reflorestamento em locais de solos expostos;
- conter o desmatamento;

PRESERVAÇÃO DO SOLO
Assista a uma animação sobre a preservação do solo produzida pelo Instituto de Pesquisas Espaciais (Inpe).
http://videoseducacionais.cptec.inpe.br/swf/solo/3_3. Acesso em: 26 set. 2016.

- proteger a fertilidade, evitando o plantio em excesso;
- fazer a rotação de culturas, para não cansar o solo e deixá-lo em repouso por um tempo;
- ter cuidado ao plantar em locais muito inclinados, preferindo usar curvas de nível para evitar a erosão;
- usar adubos moderadamente e optar por inseticidas orgânicos;
- não despejar esgotos nos rios e lagos;
- descartar lixos domésticos, hospitalares e industriais em locais apropriados.

A compactação do solo pode ser corrigida com o desenvolvimento de raízes e pela presença de minhocas, por exemplo, que ajudam na formação de poros. Mesmo assim, recuperar o solo compactado é um processo bastante lento e difícil. O solo não pode ser produzido em laboratório e, por isso, ele deve ser preservado.

Você sabia?

A situação do solo brasileiro

No Brasil, há vários locais em que os solos foram destruídos. Locais onde ocorreu erosão, e o solo foi levado para os rios e mares, pela chuva e pelo vento; lugares onde o solo foi revolvido, retirado por máquinas e contaminado com produtos químicos. Nesses casos, a rocha-mãe levará muito tempo para formar um novo solo, o que muitas vezes é quase impossível.

Para saber mais sobre a situação do solo brasileiro, é possível consultar o mapa de solos do Brasil, elaborado pelo Instituto Brasileiro de Geografia e Estatística (IBGE) em conjunto com o Centro Nacional de Pesquisa de Solos da Embrapa Solos. O mapa, disponível na internet, traz a identificação dos tipos de solo para a agricultura e para prevenir futuros desmatamentos. Ele apresenta a diversidade de solos do Brasil e a distribuição espacial das principais classes de solos, além de informações úteis para ensino e pesquisa nessa área.

Mapa de solos do Brasil

Mapa interativo que permite visualizar os tipos de solo de cada pedaço do Brasil. Disponível em: <http://mapas.ibge.gov.br/solos/viewer.htm.> Acesso em: 26 set. 2016.

Dia da Conservação do Solo

O dia 15 de abril foi escolhido para comemorar o Dia da Conservação do Solo em homenagem ao aniversário do norte-americano Hugh Hammond Bennett, considerado o "pai da conservação dos solos" nos Estados Unidos. Bennett foi um conservacionista dedicado e pesquisou muito sobre esse assunto em seu país e no mundo, além de ter escrito vários trabalhos e ajudado a recuperar solos degradados. Bennett recebeu vários prêmios pelo seu trabalho no início do século XX.

O solo, porém, não deve ser lembrado somente nesse dia. Ele deve fazer parte do cotidiano e ser lembrado diariamente, pois o homem depende dele para viver. Vale a pena refletir sobre o que se tem feito todos os dias do ano para, assim, tomar medidas visando à sua preservação.

HOMENAGEM À CONSERVAÇÃO DO SOLO

No Brasil, o Dia da Conservação do Solo foi instituído em 1989:

LEI Nº 7.876, DE 13 DE NOVEMBRO DE 1989

Institui o Dia Nacional da Conservação do Solo a ser comemorado, em todo o País, no dia 15 de abril de cada ano.

O Presidente da República

Faço saber que o Congresso Nacional decreta e eu sanciono a seguinte Lei:

Art. 1º Fica instituído o Dia Nacional da Conservação do Solo a ser comemorado, em todo o País, no dia 15 de abril de cada ano.

Art. 2º O Poder Executivo tomará as medidas à execução desta Lei.

Art. 3º Esta Lei entra em vigor na data de sua publicação.

Art. 4º Revogam-se as disposições em contrário.

Brasília, 13 de novembro de 1989

168º da Independência e 101º da República.

JOSÉ SARNEY
presidente da República Federativa do Brasil

À direita, Hugh Hammond Bennett (1881- -1960), em setembro de 1933.

FOLHA DA CIÊNCIA

Terremotos no Brasil: sismógrafos serão instalados em Pernambuco

Moradores de Cupira e Belém de Maria, na Zona da Mata e Agreste de Pernambuco, estão assustados com a frequência dos tremores de terra que vêm atingindo a região. Desde o último fim de semana, foram registrados pelo menos 60 pequenos abalos nos municípios. O maior teve intensidade de 2,8 graus na escala Richter. Embora sem grandes estragos, os tremores provocaram rachaduras nas paredes de algumas casas e estão deixando a população insegura. Por isso, pesquisadores da Universidade Federal do Rio Grande do Norte (UFRN) resolveram instalar seis sismógrafos em Belém de Maria até o próximo domingo (25 de abril de 2010).

Os sismógrafos vão monitorar o solo e ajudar a identificar a área exata onde os tremores vêm ocorrendo. Segundo os estudiosos, esta é a primeira vez que tremores de terra são registrados em Belém de Maria. Há pouco mais de um mês, o município pernambucano de Alagoinha também sentiu sucessivos abalos, sendo o maior de magnitude 3,2 graus.

Pernambuco, Ceará e o Rio Grande do Norte são os estados com maior atividade sísmica do Brasil. Estudos da Universidade Federal do Rio Grande do Norte já identificaram falhas geológicas e vários fragmentos de rochas antigas sob a região Nordeste, que favorecem os abalos. Os eventos ocorrem por acomodações nas camadas geológicas e são sempre de baixa profundidade.

Terremotos no Brasil

Entre 15 e 20 sismos são registrados anualmente no Brasil, a maioria com magnitude próxima a 2,5 graus.

Mapa neotectônico mostra diversas falhas geológicas em território brasileiro: BRs 24, 25, 26, 27, 28, 29 e 47. Chama a atenção a falha BR 47, localizada no norte do estado de Minas Gerais e situada à margem esquerda do rio São Francisco. A falha se localiza exatamente abaixo da cidade de Itacarambi, onde ocorreu o sismo de 9 de dezembro de 2007.

O país possui uma rede sismográfica muito pequena, incapaz de apresentar dados estatísticos satisfatórios, e muitos sismos de pequena magnitude não são detectados, principalmente quando ocorrem em regiões distantes ou isoladas.

Um aumento na quantidade de estações revelaria um cenário bastante diferente, com um número de tremores bem maior do que o registrado atualmente.

Maior terremoto no Brasil

O terremoto mais intenso já registrado no Brasil ocorreu em Porto dos Gaúchos, no norte de Mato Grosso, em 31 de janeiro de 1955. Na ocasião os sismógrafos registraram 6,2 graus de magnitude.

O estado de São Paulo também já registrou abalos significativos. Em 1922 um violento abalo de 5,2 graus foi registrado na cidade de Mogi Guaçu e em 22 de abril de 2008, outro tremor de 5,2 graus ocorrido no litoral paulista foi sentido com muita intensidade em diversas cidades do Estado, além de Rio de Janeiro, Paraná e Santa Catarina.

O município registrou cerca de 60 tremores de terra em quatro dias. A Universidade Federal do Rio Grande do Norte deverá instalar seis sismógrafos na cidade para estudar o fenômeno.

Fonte: APOLO11. Terremotos no Brasil: sismógrafos serão instalados em Pernambuco. Publicado em 23/04/2010. Disponível em: <http://www.apolo11.com/terremoto_brasil.php?posic=dat_20100423-075318.inc>. Acesso em: 26 set. 2016.

Plantio direto reduz o efeito estufa

Técnica de revolvimento mínimo do solo pode ser trunfo em futuras Conferências sobre as Mudanças Climáticas

Introduzida no país em 1972 para auxiliar os produtores rurais no combate à erosão, a técnica do plantio direto na palha consolidou-se entre os agricultores brasileiros e, hoje, a pesquisa comprova que os benefícios do não revolvimento do solo, da rotação de culturas e da manutenção constante da palhada como cobertura de solo – os três princípios básicos da técnica – já superam a conservação do solo. Quase 40 anos depois da introdução da tecnologia no Brasil, o papel do plantio direto mudou. Se no início da década de 70 discutiam-se seus benefícios na conservação do solo, agora, às vésperas da 15ª Conferência do Clima das Nações Unidas (COP-15), este mês [dezembro de 2009], em Copenhague, na Dinamarca, discute-se o papel do plantio direto no cenário de mudanças climáticas globais como importante mecanismo para sequestrar carbono no solo.

"Em média, no país, o sequestro de carbono no solo por meio do plantio direto é de 0,5 tonelada/hectare/ano", diz o professor Carlos Eduardo Pellegrino Cerri, do Departamento de Ciência do Solo da Esalq/USP, um dos autores do trabalho "Agricultura tropical e aquecimento global: impactos e opções de mitigação". Considerando que, no Brasil, a área com plantio direto é de 26 milhões de hectares,

conforme a Federação Brasileira de Plantio Direto na Palha, seriam 13 milhões de toneladas de carbono estocadas no solo/ano via plantio direto.

O pesquisador Odo Primavesi, da Embrapa Pecuária Sudeste e um dos relatores do relatório de 2007 do Painel Intergovernamental de Mudanças Climáticas, da ONU, diz que, junto com a integração lavoura-pecuária, a integração lavoura-pecuária-floresta, os sistemas agroflorestais e silvipastoris e os reflorestamentos, o plantio direto tem essencial contribuição no sequestro de carbono.

Carbono acumulado

"Quando se revolve o solo no plantio convencional há a decomposição da matéria orgânica. Se essa matéria orgânica não for reposta, há redução de seu teor no solo", diz Primavesi. "Ao reduzir o teor de matéria orgânica de 3% para 1,5%, na conversão de pastagem para lavoura convencional, 80 toneladas por hectare de CO_2 são emitidas." O plantio direto, ao contrário, que tem como prioridade manter matéria orgânica no solo, acumula carbono.

O potencial do plantio direto no sequestro de carbono pode e deve ser usado em debates internacionais, como a COP-15, defende Cerri, da Esalq. "Acredito que Estados Unidos e Argentina, que têm, respectivamente, a primeira e a terceira maior área com plantio direto – o Brasil está em segundo lugar – seriam grandes parceiros e apoiadores da ideia." O pesquisador Eduardo Assad, da Embrapa Informática Agropecuária e integrante do comitê gestor da Plataforma de Mudanças Climáticas da Embrapa, também incentiva o plantio direto como fixador de carbono no solo. "Se a técnica se expandir em mais 10 milhões de hectares, a meta será atingida. Considerando o avanço da tecnologia nos últimos quinze anos, é possível."

Alternativa

Para o professor do Centro de Energia Nuclear na Agricultura (Cena/USP), Carlos Clemente Cerri, que liderou a revisão "Emissões de gases do efeito estufa do Brasil: importância da agricultura e pastagem", o plantio direto é alternativa para ajudar o país a atingir as metas de redução de emissões. "São metas claras e possíveis." Segundo a Embrapa, para o setor agropecuário foi estabelecida uma redução de emissão de gases do efeito estufa de 4,9% a 6,1%, até 2020 e o governo já anunciou que o plantio direto será apresentando na conferência, ao lado de ações de recuperação de pastos, integração lavoura-pecuária e fixação de nitrogênio.

O professor do Cena cita outro número a favor do plantio direto. "Em comparação ao plantio convencional, o plantio direto absorve, por hectare/ano, 1,9 tonelada de CO_2 equivalente a mais. A denominação "CO_2 equivalente" aplica-se quando os três gases do efeito estufa - CO_2, metano e óxido nitroso - são convertidos em uma única unidade. "O plantio direto emite gases-estufa, mas absorve mais carbono."

Cerri, da Esalq, concluiu, com base em estudos, que o potencial de estocagem de carbono no solo varia conforme solo e clima. "Há duas regiões contrastantes, a Sul e a Centro-Oeste. No Sul, onde a temperatura é mais baixa, a decomposição da matéria orgânica é mais lenta e, consequentemente, a 'saída' de CO_2 do solo. No Centro-Oeste, mais quente e chuvoso, a decomposição é mais rápida, mas a 'saída' de CO_2 também é mais rápida. No Centro-Oeste a dinâmica de entrada e saída de carbono é acelerada, o que reduz o potencial de sequestro."

Fonte: YONEYA, Fernanda. Plantio direto reduz efeito estufa. *O Estado de S.Paulo*. Publicado em 2/12/2009. Disponível em: <http://www.estadao.com.br/noticias/geral,plantio-direto-reduz-o-efeito-estufa,475350>. Acesso em: 26 set. 2016.

Fissura em rocha provocou deslizamento

Estudo revela que presença de gás e lixo não foi a causa principal, mas agravou a tragédia do morro em Niterói. Segundo geógrafos, "duas cicatrizes" mostram que o desabamento começou no alto e "empurrou" a massa de lixo que estava embaixo

Duas fissuras na rocha, no alto do morro do Bumba, serviram de "gatilho" para o grande deslizamento de terra que soterrou centenas de pessoas. A conclusão é de estudo de geógrafos da PUC-Rio, feito a pedido do DRM (Departamento de Recursos Minerais do Rio de Janeiro).

Os pesquisadores trabalharam no local durante todo o dia de sexta-feira e, ao contrário do que se imaginava inicialmente, a causa do deslizamento não foi uma explosão de gás metano, acumulado no local onde funcionava um antigo lixão.

Segundo os geógrafos, o excesso de lixo e a presença do gás agravaram a tragédia, mas não foram o estopim. O número de mortos, porém, seria menor se não fossem esses dois fatores.

"O movimento detonador se deu a partir da encosta, na cabeceira do morro", disse Marcelo Motta, geógrafo da PUC que participou dos trabalhos.

De acordo com ele, "duas cicatrizes" analisadas mostram que o deslizamento começou no alto e "empurrou" a massa de lixo que estava embaixo.

Na avaliação de Motta, porém, tamanho desastre poderia ser evitado, se as casas não tivessem sido erguidas sobre o lixão: "Seria uma catástrofe de outras proporções."

Segundo o geógrafo, as chuvas dos últimos dias acionaram "vários gatilhos" semelhantes ao que deu início ao deslizamento no morro do Bumba em outros pontos do maciço de Niterói e São Gonçalo. Por isso, técnicos vão vistoriar a região em busca de áreas com risco de deslizamento. Até a noite de ontem, 33 corpos foram resgatados do morro do Bumba. Em todo o estado do Rio de Janeiro, foram contabilizados 223 mortos.

O policiamento no entorno do morro do Bumba foi reforçado pelo Bope após informações sobre saques em casas interditadas. Ninguém foi preso.

O subprocurador de Direitos Humanos do Ministério Público Estadual, Leonardo Chaves, inspecionou a operação de resgate das vítimas do morro do Bumba e disse que veio para saber qual destino será dado aos desabrigados.

O aposentado José de Oliveira, 87, um dos sobreviventes, diz ser o morador mais antigo da comunidade. "Moro aqui antes disso virar um lixão", afirmou. Ele disse que cerca de 20 parentes estão sob os escombros. Sua filha, a autônoma Gilsinete Oliveira, 45, conta que a "sorte ajudou na sobrevivência do pai", que já teve dois AVCs e se locomove com dificuldades.

Prefeito e a UFF

O prefeito de Niterói, Jorge Roberto Silveira (PDT), disse ontem, em coletiva de imprensa, que nos laudos produzidos pela UFF (Universidade Federal Fluminense) sobre a encosta do município não constava a informação de que o morro do Bumba apresentava risco de desmoronamento. Silveira afirmou não saber que tal área era "uma bomba-relógio". Segundo ele, os pontos apontados como área de risco sofrem ou sofrerão intervenções do PAC e de um projeto municipal.

Em 2004, o Instituto de Geociências da UFF fez um estudo, a pedido do Ministério das Cidades, e constatou que a área tinha alto risco de acidentes e exigia monitoramento. [...]

SUCURSAL DO RIO. Fissura em rocha provocou deslizamento. *Folha de S. Paulo*. Publicado em 11/04/2010. Disponível em: <http://www1.folha.uol.com.br/fsp/cotidian/ff1104201023.htm>. Acesso em: 26 set. 2016.

Solo já era propício ao desmoronamento antes de habitarem a encosta, diz geólogo

A secretária estadual do Ambiente do Rio de Janeiro, Marilene Ramos, afirmou que a provável causa do deslizamento no morro do Bumba, em Niterói, foi uma explosão do gás metano. Há quem discorde. O geólogo e professor Universidade do Estado do Rio de Janeiro (UERJ), Luiz Carlos Bertolino, afirma que o fator primordial do deslizamento de terra foi o relevo encharcado. "O solo da região já era propício ao desmoronamento antes de habitarem a encosta", diz.

A decomposição do lixo pode gerar bolsões de metano – um gás tóxico e inflamável. Ele pode explodir em contato com faíscas, como as produzidas pela escavadeira ao bater em uma rocha. Mas o deslizamento de terra ocorreu por fatores naturais e foi agravado pela ação do homem, conta Bertolino. Jamais o poder público deveria ter deixado as pessoas construírem casa no morro do Bumba, completa.

Niterói possui um solo propício ao deslizamento, chamado gnaisse facoidal, que, por ser espesso e poroso, é suscetível à infiltração de água. Como choveu quase ininterruptamente, o solo do morro foi encharcando. Em certo momento, a água não tinha mais por onde infiltrar, pois encontrou a rocha que fica abaixo do solo. Aquela terra molhada virou lama que, devido à força da gravidade, desceu como uma avalanche, explicou ao iG.

No entanto, na área existia um pequeno vale que, junto com a encosta do morro, foi usado como um lixão há mais de 40 anos. O local estava, aparentemente, estável com vegetação e casas sobre o lixão, diz. Porém, um terreno feito de resto orgânico, plástico, metais, madeira, areia e tudo o mais que é jogado no lixo é diferente de um solo, diz Bertolino.

O lixo gera gases e demora anos para se decompor, por isso um lixão é mais instável. Os bombeiros estão tendo dificuldade. As máquinas, ao avançar sobre os escombros podem ir afundando naquela mistura de terra e lixo, diz. Além disso, o morro pode continuar desmoronando até a área se estabilizar, explica o geólogo.

Ele conta que, para os pesquisadores e para os bombeiros, é inédito trabalhar com um desmoronamento de terra e lixo desta magnitude. "Nunca tivemos um problema tão grande quanto esse no Brasil. Para piorar, há um risco das toxinas liberadas pelo lixo em decomposição causarem, num futuro próximo, problemas para a saúde da população e de quem está trabalhando no local", finaliza.

Fonte: DINIZ, Isis. Solo já era propício ao desmoronamento antes de habitarem a encosta, diz geólogo. Último Segundo – Portal IG. Publicado em: 8/04/2010. Disponível em: <http://ultimosegundo.ig.com.br/chuvanorio/solo+ja+era+propicio+ao+desmoronamento+antes+de+habitarem+a+encosta+diz+geologo/n1237588712255.html>. Acesso em: 26 set. 2016.

Eyjafjallajökull: conheça o vulcão que colocou em xeque a Europa

Nos últimos dias, o mundo testemunhou com perplexidade os gigantescos transtornos causados por um vulcão praticamente desconhecido, localizado na distante Islândia. Desde o século XIX o vulcão estava adormecido, mas no dia 21 de março de 2010 rompeu o silêncio e provocou a maior explosão piroclástica da Islândia dos últimos duzentos anos, mergulhando a Europa em um gigantesco caos aéreo sem precedentes.

Vulcão Eyjafjallajökull (Islândia) em erupção (18 abr. 2010).

Localizado no sul da Islândia, o glaciar Eyjafjallajökull (pronuncia-se "Eia fiatlai ohut") é um estratovulcão de 1660 metros de altitude e a última vez que entrou em erupção foi no ano de 1821 e manteve-se altamente ativo até 1823, após duas erupções ocorridas em 920 e 1612.

Seu domo de gelo cobre uma cratera de aproximadamente 2,5 quilômetros de diâmetro e durante a erupção de 1821 causou uma severa inundação ao romper um lago glacial. A explosão de março de 2010 forçou a evacuação de quinhentas pessoas da região, mas foi a erupção de 14 de abril – vinte vezes mais poderosa – que causou o blecaute aéreo em todo o norte da Europa, ao lançar sobre o continente milhões de toneladas de poeira que ameaça se propagar pelos céus europeus.

Segundo relatório do Instituto de Ciências da Terra, da Islândia, a primeira erupção expeliu 140 milhões de metros cúbicos de tefra (cinzas vulcânicas), além de 70 milhões de metros cúbicos de magma, jorrados à razão de trezentos metros cúbicos por segundo ou aproximadamente 750 toneladas por segundo.

A pluma de material vulcânico que causou o blecaute aéreo na Europa foi provocada pela fase explosiva da erupção que teve início em 14 de abril. Durante essa fase a maior parte do fluxo de lava foi jorrada da cratera no topo da geleira Eyjafjallajökull e também das fissuras laterais da montanha, descobertas ou formadas após a violenta explosão. Diversos pontos de vazamento de material piroclástico foram abertos e contribuíram para o derretimento do gelo no entorno, que provocou as fortes enxurradas de água misturada às cinzas vulcânicas que descem pelos flancos.

A lava jorrada na fase inicial era do tipo basalto de composição álcali-olivina, comum em regiões oceânicas, com 47% de sílica.

A fase explosiva da geleira foi precedida por uma grande quantidade de tremores de pequena magnitude iniciada às 23h00 de 13 de abril, seguida por um forte abalo que marcou a erupção. Os primeiros sinais do degelo ocorreram às 7 horas da manhã seguinte e algumas horas depois a pluma de cinzas e fumaça já atingia mais de 8 mil metros de altitude.

Em poucas horas a mistura de água e cinzas chegou às regiões mais baixas do vulcão, destruindo estradas, infraestruturas e fazendas, obrigando as autoridades locais a evacuar pelo menos 700 pessoas do entorno da montanha.

Impulsionada pelos ventos vindos de noroeste, a grande pluma de cinzas atingiu o continente europeu no dia 15 de abril, provocando o colapso aéreo amplamente noticiado pela imprensa, que provocou a suspensão de mais de 70 mil voos até 19 de abril.

Saúde

Além do gigantesco prejuízo financeiro, as cinzas vulcânicas também preocupam as autoridades de saúde. Segundo o pesquisador Jay Miller, ligado à Universidade do Arizona, as cinzas podem ser "um verdadeiro assassino" caso sejam inaladas pelas pessoas. "Quando a lava do vulcão a 1200 graus toca a água, é produzida uma cinza muito fina que contém pequenas partículas de vidro. Quando inaladas, seria como rasgar literalmente os pulmões", adverte o cientista.

Islândia

A Islândia está localizada no norte do oceano Atlântico e geologicamente é considerada uma ilha bastante nova e ainda em formação.

Vilarejo próximo ao vulcão Eyjafjallajökull, na Islândia (16 abr. 2010).

Cortada pela dorsal Meso Atlântica, a ilha é praticamente rasgada por uma grande falha geológica criada pelo distanciamento entre a placa tectônica norte-americana, ao leste, e eurasiana, a oeste. Essa "rachadura" se afasta cerca de 3 cm por ano e é responsável por um intrincado sistema de vulcões submarinos interligados e do *hot spot* que forma a Islândia.

Hot spot, ou ponto quente, é uma área da superfície continental ou oceânica que sofreu vulcanismo ativo por muito tempo e onde há liberação de material magmático. Ao entrar em contato com a água esse material incandescente se solidifica, formando novas ilhas ou aumentando o território. Um exemplo bastante conhecido de *hot spot* são as ilhas do Havaí.

Possibilidades

Após o episódio da erupção do Eyjafjallajökull, vulcanólogos acreditam que a descompressão do gelo causada pelo derretimento de grandes massas, além de outros fatores, pode acelerar processos eruptivos em outros vulcões da região. Um desses vulcões é o Katla, o maior vulcão da Islândia e localizado sobre a fissura vulcânica de Laki, próxima ao Eyjafjallajökull.

No entender de alguns pesquisadores, uma erupção nesse sistema poderia provocar uma nuvem de cinzas dez vezes maior que a atual, com consequências imprevisíveis.

Fonte: APOLO11. Eyjafjallajökull: conheça o vulcão que colocou em xeque a Europa. Publicado em: 19/04/2010. Disponível em: <http://www.apolo11.com/vulcoes.php?posic=dat_20100419-100038.inc>. Acesso em: 26 set. 2016.

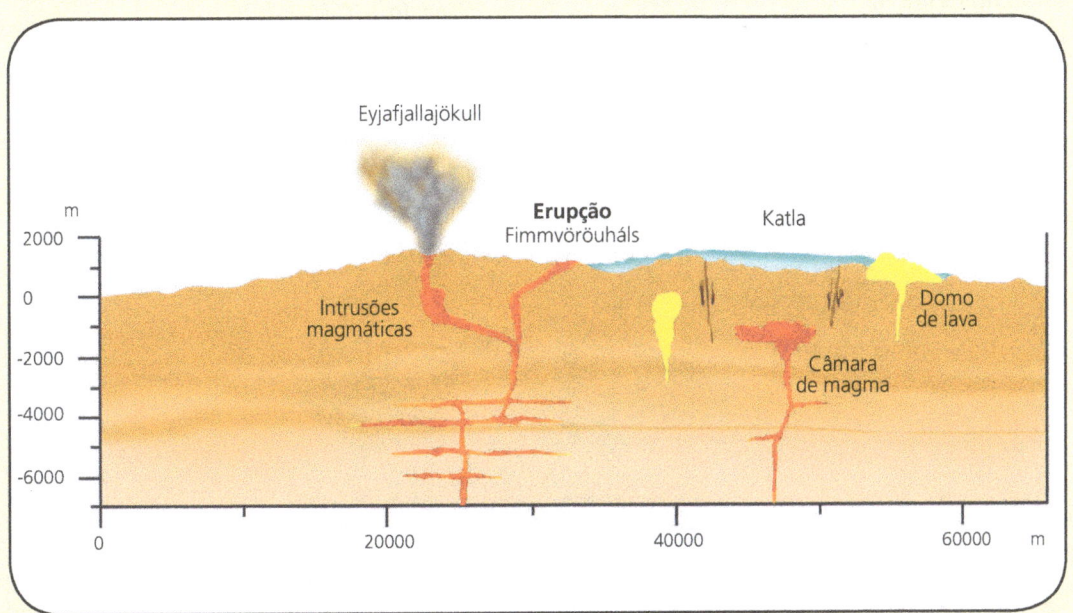

Esquema de atividade do vulcão Eyjafjallajökull.

Sob 7 quilômetros de água, rocha e sal

A descoberta de imensos depósitos na camada do pré-sal pode colocar o Brasil entre os maiores produtores mundiais de petróleo. Mas, antes disso, há muitos desafios pela frente.

Até poucos anos atrás, "pré-sal" era um termo técnico, exclusivo do vocabulário de geólogos, engenheiros e técnicos do setor de energia e combustíveis. Mas, em 2007, quando a Petrobras anunciou a descoberta do campo de Tupi, na Bacia de Santos, localizado a mais de 5 quilômetros de profundidade sob o solo do oceano Atlântico, a palavrinha composta passou a figurar regularmente no noticiário, como referência aos promissores depósitos de petróleo encontrados pela Petrobras. Nos dois anos seguintes, a empresa identificou outros grandes depósitos. E, nos discursos, o pré-sal passou a ser apresentado como "bilhete premiado" ao país e "nosso passaporte para o futuro".

No entanto, as grandes promessas estão revestidas de dúvidas, polêmicas e desafios – da comprovação do volume de petróleo efetivamente aproveitável e da definição do regime legal de exploração à participação do setor público e ao destino dado à riqueza gerada pelo petróleo. Por causa da importância política e econômica das reservas, o petróleo do pré-sal transformou-se em tema de acalorados debates.

Para compreender a importância desses depósitos, é preciso entender o que é e onde está o pré-sal e como o governo pretende administrar esse recurso natural:

O que é pré-sal

É o nome que os geólogos dão a uma camada de rochas que fica abaixo de uma grossa camada de sal no subsolo marinho. No oceano Atlântico, ao longo da costa brasileira, essa camada começou a se formar há mais de 100 milhões de anos, à época da separação dos continentes africano e sul-americano. A profundidade total dessas rochas – ou seja, a distância entre a superfície do mar e os reservatórios de petróleo abaixo da camada de sal – pode ultrapassar 7 quilômetros.

Onde está o petróleo

A Petrobras identificou, entre 2007 e 2009, grandes depósitos de petróleo e gás natural na camada do pré-sal, na costa do Espírito Santo, do Rio de Janeiro, de São Paulo, do Paraná e de Santa Catarina. É uma faixa de 200 quilômetros de largura e 800 quilômetros de extensão, localizada a uma distância média de 300 quilômetros do litoral. O petróleo desses depósitos é de alta qualidade e, portanto, de maior valor de mercado.

Quanto petróleo existe

Na pior das possibilidades, a camada do pré-sal guarda 50 bilhões de barris de petróleo. Os mais oti-

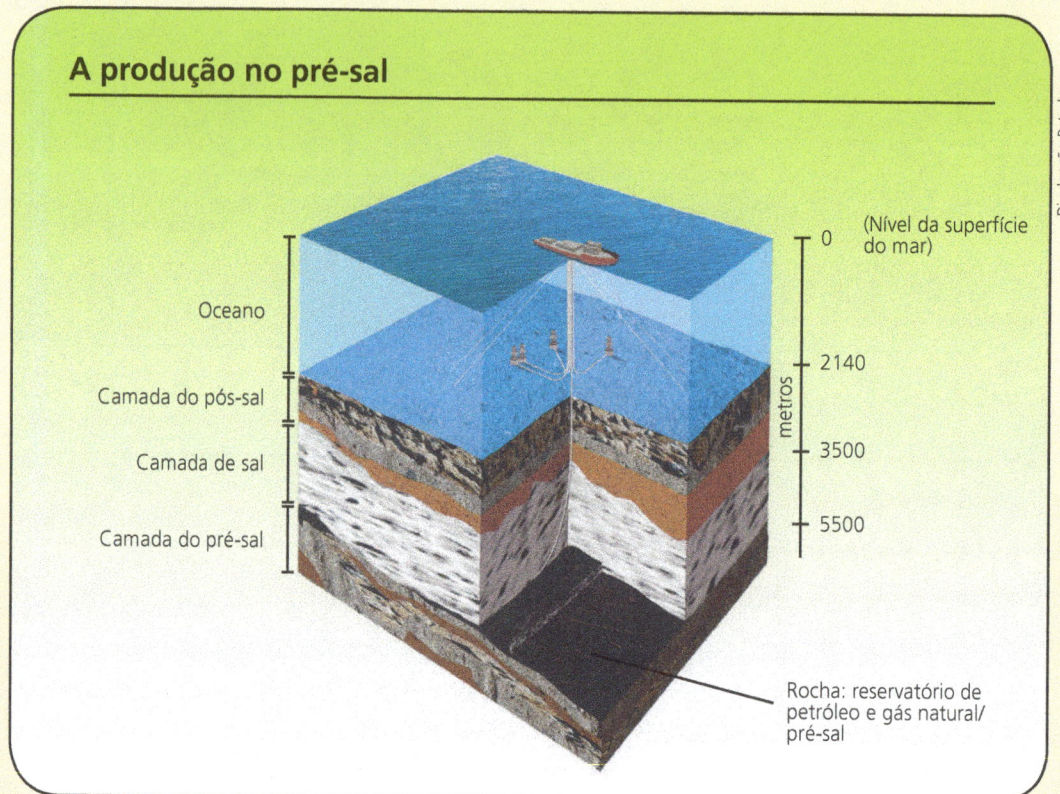

Ilustração da Petrobras que mostra região onde estão as reservas de petróleo da camada do pré-sal.

mistas calculam que esse volume possa ultrapassar 200 bilhões de barris (o que tornaria o Brasil o dono da segunda maior reserva mundial de petróleo, atrás apenas da Arábia Saudita). O governo brasileiro trabalha com a hipótese conservadora de 50 bilhões de barris – volume suficiente para, no mínimo, triplicar as atuais reservas brasileiras, de 12,2 bilhões de barris, e colocar o país como detentor de uma das dez maiores reservas do planeta.

Relevância

A Petrobras já explora a camada do pré-sal desde 2005. A diferença é que as jazidas descobertas em 2007 prometem volumes muito maiores desse petróleo de boa qualidade. Caso as expectativas se confirmem, o país ganhará grande peso na regulação do mercado mundial de petróleo, ao lado dos líderes do setor, como os países do Oriente Médio. Em termos internos, o Brasil consolidará a atual autossuficiência em petróleo e obterá volumosos recursos para investir no desenvolvimento social, tecnológico e industrial. Foi justamente o tamanho que a exploração de petróleo no pré-sal pode assumir que levou o governo federal a repensar as regras de exploração e produção no país, propondo um novo marco regulatório – um conjunto de leis, normas e diretrizes que regula as atividades do setor e seu controle.

Marco regulatório

Em agosto de 2009, depois de mais de um ano de discussões, uma comissão interministerial apresentou ao Congresso quatro projetos de lei sobre o petróleo. O novo marco regulatório proposto altera as regras vigentes desde 1997, quando a Petrobras perdeu o monopólio do setor – ou seja, deixou de ter direitos exclusivos para explorar o petróleo. Desde então, a exploração é aberta a empresas privadas, de capital brasileiro ou estrangeiro, por meio de contratos de concessão.

Por esse regime legal, todo o petróleo em território brasileiro é propriedade da União enquanto estiver no subsolo. A companhia que recebe a concessão assume o risco e os custos da atividade. Quando extraído, o petróleo passa a pertencer à empresa exploradora, que paga uma participação (royalties) e impostos aos governos federal, estaduais e municipais onde as reservas se encontram. As concessões são distribuídas em leilões públicos promovidos pela Agência Nacional do Petróleo, Gás Natural e Biocombustíveis (ANP). Pelo novo marco regulatório, os mais de 500 blocos já explorados pelo regime de concessão continuarão seguindo essas normas. Mas as novas áreas devem seguir o regime de partilha: a companhia ou o consórcio continua assumindo os riscos de exploração e, em caso de sucesso, tem seus custos ressarcidos em petróleo. Mas os lucros são repartidos entre a companhia e a União.

O modelo proposto pelo governo federal inclui, ainda, a criação de uma estatal, a Petro-Sal, para gerir as licitações e os contratos de partilha na exploração do pré-sal. A Petrobras, que será a operadora de todos os blocos, pode assumir, sozinha, sem licitação, a exploração de campos considerados estratégicos. E, mesmo nas licitações concedidas a consórcios privados, a estatal terá uma participação mínima de 30%. A Petrobras será capitalizada pela União, ainda, em 100 bilhões de reais – ou seja, emitirá novas ações da empresa, como forma de aumentar seu capital social e, por consequência, sua capacidade de investimento.

Por fim, o governo definiu a criação do Novo Fundo Social (NFS), que investirá os recursos obtidos do petróleo pela União no Brasil e no exterior. O objetivo é evitar o ingresso excessivo de moeda estrangeira no país, o que fragilizaria o setor industrial. O governo planeja articular a implantação do NFS com uma política industrial voltada para a cadeia produtiva de petróleo e gás natural. Parte dos recursos será aplicada em programas sociais, de inovação científica e tecnológica e de sustentabilidade ambiental.

[...] Um dos principais entraves está no projeto que trata da partilha, por causa da disputa entre estados e municípios pelos royalties do pré-sal. Pelas regras atuais, estados e municípios que abrigam instalações de exploração petrolífera recebem uma quantidade de recursos das empresas exploradoras maior do que os demais estados e municípios do país. Para o pré-sal, o governo federal pretende aumentar a proporção de royalties destinados a estados e municípios não produtores – ampliando a divisão da riqueza gerada pela extração do petróleo para o conjunto do país. Isso provocou protestos em São Paulo, Rio de Janeiro e Espírito Santo, estados em cujo litoral fica a maior parte das áreas do pré-sal. Havia uma pressão, nas negociações, para que a União abrisse mão de parte dos recursos a ela destinados.

O novo modelo levantou polêmica. Há críticos que veem nessas propostas uma tendência de estatizar novamente o setor do petróleo que poderia afastar os investidores internacionais – na visão deles, um retrocesso em relação ao regime de concessões, vigente desde 1997, implantado pelo governo de Fernando Henrique Cardoso. O governo se defende: o regime de partilha é adotado pelos maiores produtores de petróleo mundial, como Arábia Saudita, Venezuela e Irã, para explorar áreas que oferecem pouco risco e prometem grandes lucros. Além disso, o governo afirma que 77% das reservas de petróleo mundiais estão em mãos de estatais, e que o regime de partilha garantirá maior controle da União sobre o destino dado ao petróleo do pré-sal, fundamentalmente para o fortalecimento da indústria brasileira e dos investimentos nas áreas social e tecnológica.

Desafios

A descoberta das imensas reservas petrolíferas promete incluir o Brasil no grupo dos grandes produtores, que definem as regras no complexo mercado global de petróleo. Mas tamanha riqueza traz riscos à economia doméstica. Um é que os investidores destinem recursos só ao petróleo, abandonando os demais setores industriais e tornando o país dependente das receitas petrolíferas. Os defensores do regime de partilha acreditam que o modelo permitirá ao Brasil conduzir os recursos captados pela União para os mais diversos setores industriais e sociais, de modo a garantir uma economia diversificada e um real desenvolvimento social.

Há também desafios tecnológicos. O potencial das jazidas do pré-sal é considerado certo. A Petrobras já perfurou cerca de 30 poços, com uma taxa de sucesso de 87%. No entanto, ninguém sabe precisar, ainda, o volume total de óleo existente nos 800 quilômetros de extensão do pré-sal e quanto dele pode ser efetivamente retirado. O primeiro desafio tecnológico é elaborar meios para perfurar de modo seguro e eficiente as partes mais espessas de sal, que podem atingir mais de 2 quilômetros de espessura. O sal é um material que se desloca facilmente à medida que é atravessado, o que pode prender os equipamentos de perfuração. Além disso, a pressão da coluna de água, a acidez e as baixas temperaturas podem danificar componentes de perfuração, prejudicando e encarecendo a extração.

O segundo desafio é logístico: como transportar com rapidez e eficiência pessoas, materiais e equipamentos entre a costa e os poços na Bacia de Santos, que ficam a 300 quilômetros do continente. Há ainda, as questões ambientais: os depósitos do pré-sal contêm uma concentração bem maior de dióxido de carbono que os das reservas em águas rasas. A preocupação com as mudanças climáticas impõe ao país a necessidade de adotar tecnologias que reduzam o efeito poluidor da exploração. Calcula-se que a superação desses desafios custem 600 bilhões de dólares. Diante das dificuldades, o retorno dos investimentos não deve ocorrer antes de 2020.

A descoberta reforça a perspectiva de autossuficiência do Brasil no setor – que ocorre quando a produção é maior do que o consumo interno. O Brasil tornou-se autossuficiente em 2006, mas ainda precisa importar petróleo, pois o tipo extraído até hoje, mais pesado, não permite produzir todos os combustíveis de que necessita. Assim, o país vende seu excedente ao exterior, mas também precisa comprar lá fora tipos mais leves para refinar aqui. A boa notícia é que o petróleo do pré-sal é do tipo mais leve.

Renovável ou não

Ambientalistas temem que a ênfase dada à exploração do petróleo do pré-sal possa vir a "sujar" a matriz energética brasileira, desviando para o pré-sal recursos que poderiam ser investidos no desenvolvimento de energias alternativas. Os defensores do projeto argumentam que os recursos do pré-sal podem – e devem – ser usados exatamente para fazer a transição a longo prazo das fontes de energia – dos combustíveis fósseis (petróleo, gás natural e carvão mineral) para outras renováveis e menos poluidoras (biocombustíveis e hidrelétrica). A Agência Internacional de Energia estima que, até 2030, a demanda mundial por energia terá crescido 45% sobre os valores de 2006. A participação do petróleo na matriz energética mundial cairá de 34% para 30%. Ainda assim, em valores absolutos, o consumo subirá de 80 milhões para 106 milhões de barris por dia.

O Brasil mantém a matriz energética mais limpa do planeta entre os grandes países. Em 2008, 45,8% de toda energia ofertada no país provinha de fontes renováveis, fundamentalmente da biomassa (produtos da cana-de-açúcar, lenha e carvão vegetal) e energia hidráulica (hidrelétricas). A média mundial da participação dessas fontes não ultrapassa os 13%. O gás natural, o petróleo e seus derivados responderam, naquele ano, por 54,2% de toda energia gerada no país. Até 2030, estima-se que a participação do petróleo na matriz energética terá caído para 27%. Mas, novamente em valores absolutos, o consumo doméstico, que era de 1,95 milhão de barris por dia em 2008, deverá subir para 3 milhões em 2030. O total de consumo de energia crescerá bastante.

O petróleo – que propiciou o acelerado desenvolvimento da sociedade industrial durante o século XX – continua sendo o combustível mais flexível da história da humanidade. Gasta-se hoje um barril de petróleo para produzir 30 deles. O petróleo gera, também, grandes lucros. Compare: o custo médio de produção de um barril varia entre 1 e 10 dólares, e seu preço no mercado oscilou, nos últimos anos, entre 60 e 150 dólares. Por isso – por sua ainda relativa abundância e seu valor econômico –, o fim da era do petróleo ainda está relativamente distante. A se manter o atual nível de consumo, as reservas mundiais são suficientes para garantir o abastecimento por pelo menos mais três décadas, provavelmente meio século. O desenvolvimento de tecnologias mais econômicas e a descoberta de novas reservas podem afastar para horizontes ainda mais remotos o propalado fim da era do "ouro negro".

Fonte: *Guia do Estudante. Atualidades – Vestibular + ENEM.* "Sob 7 quilômetros de água, rocha e sal". São Paulo: Editora Abril, 2010, p. 108-113.

INSTITUIÇÕES DE PESQUISA EM SOLOS

Estação Ciência – USP (Universidade de São Paulo)
Rua Guaicurus, 1394
Lapa - São Paulo - SP
Tel.: (11) 3673-7022
Fax: (11) 3673-2798
Site: http://www.eciencia.usp.br

Instituto Agronômico de Campinas – IAC
Av. Barão de Itapura nº 1481 - Caixa Postal 28
Campinas - SP - CEP 13012-970
Tel.: (19) 3231-5422
Fax: (19) 3231-4943
Site: http://www.iac.sp.gov.br

Sede do Instituto Agronômico de Campinas (IAC).

Escola Superior de Agricultura Luiz de Queiroz – ESALQ/USP
Departamento de Ciência do Solo
Projeto Solo na Escola
Av. Pádua Dias, 11 - Caixa Postal 9
Piracicaba - SP - CEP 13418-900
Tel.: (19) 3417-2100
Fax: (19) 3417-2110
Site: http://www.solos.esalq.usp.br

Departamento de Solos e Engenharia Agrícola – UFPR (Universidade Federal do Paraná)
Projeto Solo na Escola
Rua dos Funcionários, 1540
Curitiba - PR - CEP 80035-050
Tel: (41) 3350-5649
Fax: (41) 3350-5673
Site: http://www.escola.agrarias.ufpr.br

Embrapa Solos
Rua Jardim Botânico, 1024 – Jardim Botânico
Rio de Janeiro - RJ - CEP 22460-000
Tel.: (21) 2179-4500
Fax: (21) 2274-5291
Site: http://www.cnps.embrapa.br

Embrapa Solos / UEP Recife
Rua Antônio Falcão, 402 - Boa Viagem
Recife - PE - CEP 51020-240
Tel.: (81) 3325-5988
Fax: (81) 3325-0231
Site: http://www.uep.cnps.embrapa.br

Museu de Solos do Rio Grande do Sul – UFSM (Universidade Federal de Santa Maria)
Departamento de Solos
Santa Maria - RS - CEP 97105-900
Tel.: (55) 3220-8108
Fax: (55) 2220-8256
Site: http://coralx.ufsm.br/msrs

Experimento realizado nos laboratórios da Empresa Brasileira de Pesquisa Agropecuária (Embrapa).

Museu de Ciências da Terra Alexis Dorofeef – Universidade Federal de Viçosa (UFV)
Departamento de Solos
Av. Peter Henry Rolfs s/n - Campus Universitário
Viçosa - MG - CEP 36570-000
Tel.: (31) 3899-2630 / 1077 / 1038
Fax: (31) 3899-2648
- Site: http://www.ufv.br

FILMES E VÍDEOS

Filme: **Dirt! the movie**
Trailer no site: http://www.dirtthemovie.org

As minhocas prestam grandes serviços ao solo e à agricultura
- http://www2.tvcultura.com.br/reportereco/materia.asp?materiaid=398

Pesquisador confirma que formigas cortadeiras, como as saúvas, fazem túneis no solo, que são verdadeiras obras de arte da construção
- http://www2.tvcultura.com.br/reportereco/materia.asp?materiaid=1013

As formigas como insetos sociais e sua importância para a conservação da biodiversidade
- http://www2.tvcultura.com.br/reportereco/materia.asp?materiaid=842

Microrganismos do solo
- http://www2.tvcultura.com.br/reportereco/materia.asp?materiaid=391

Campanha contra embalagens de plástico
- http://www2.tvcultura.com.br/reportereco/materia.asp?materiaid=673

São Paulo ganha lei estadual de controle de resíduos sólidos
- http://www2.tvcultura.com.br/reportereco/materia.asp?materiaid=393

O aumento da temperatura poderá ter impacto na agricultura brasileira
- http://www2.tvcultura.com.br/reportereco/materia.asp?materiaid=1042

O acelerado aumento nas temperaturas vai afetar seriamente a agricultura no planeta
- http://www2.tvcultura.com.br/reportereco/materia.asp?materiaid=948

Sistema agroflorestal ajuda a recuperar o solo desgastado
- http://www2.tvcultura.com.br/reportereco/materia.asp?materiaid=1003

Especialistas confirmam que o uso inadequado e em excesso de agrotóxicos coloca em risco a saúde humana e o ambiente
- http://www2.tvcultura.com.br/reportereco/materia.asp?materiaid=1034

Os impactos que os desmatamentos na Amazônia causam no planeta
- http://www2.tvcultura.com.br/reportereco/materia.asp?materiaid=16

Hortas domésticas

Crianças de uma creche em São Paulo aprendem a cultivar uma horta e a dividir os frutos da terra com a comunidade
- http://www2.tvcultura.com.br/reportereco/materia.asp?materiaid=339

Estudante de Agronomia cria projeto de horta em áreas urbanas
- http://www2.tvcultura.com.br/reportereco/materia.asp?materiaid=877

Agrônomo ensina a cultivar jardim de hortaliças dentro de casa
- http://www2.tvcultura.com.br/reportereco/materia.asp?materiaid=466

Erosão e poluição do solo por agrotóxicos
- http://www.youtube.com/watch?v=CuDuhDlBoE8

Poluição do solo
- http://www.youtube.com/watch?v=lKhlbTDvuho

O solo – Projeto Solo na Escola/UFPR
- http://www.youtube.com/watch?v=bPrpyyDNTDo&feature=related

Conservação do solo
- http://www.youtube.com/watch?v=w8S3bMW9gaQ&feature=related

Análise de solo
- http://www.youtube.com/watch?v=ALfDLxIAtaM&feature=related

LINKS INTERESSANTES

Pedologia Fácil
http://www.pedologiafacil.com.br

Projeto Maria de Barro
http://www.projetomariadebarro.org.br

IBGE Solos
http://www.ibge.gov.br/ibgeteen/datas/solo/home.html

Estação Ciência da Universidade de São Paulo
http://www.cienciamao.if.usp.br/tudo/index_sol.php

Embrapa – Vamos aprender sobre solos
http://www.cnps.embrapa.br/search/mirims/mirim01/mirim01.html

Museu de Solos do Rio Grande do Sul – Universidade Federal de Santa Maria
http://coralx.ufsm.br/msrs

Centro de Divulgação Científica e Cultural da USP – Programa Educar
http://educar.sc.usp.br/ciencias/recursos/solo.html

Revista Ciência Hoje das Crianças
Matéria: Quando crescer, vou ser... pedólogo!
http://chc.cienciahoje.uol.com.br/revista/revista-chc-2002/121

Matéria: Olhe onde pisa!
http://chc.cienciahoje.uol.com.br/revista/revista-chc-2010/210/?searchterm=210

Revista SuperInteressante
Matéria: Viagem ao centro da terra
http://super.abril.com.br/superarquivo/2002/conteudo_249086.shtml

Vídeos educacionais
http://www.videoseducacionais.cptec.inpe.br

BIBLIOGRAFIA

EMBRAPA. *Sistema Brasileiro de Classificação de Solos*. Brasília: Serviço de Produção de Informação-SPI, 2006.

ESPINDOLA, C. R. *Retrospectiva crítica sobre a Pedologia*. Campinas: Editora da Unicamp, 2008.

FITT, B.; THORNLEY, J. *Lighting technology*. Oxford: Butterworth-Heinemann Ltd, 1997.

LEPSCH, Igo F. *Formação e conservação dos solos*. São Paulo: Oficina de Textos, 2002.

LIMA, V. C.; LIMA, M. R. & MELO, V. F. *O solo no meio ambiente*: abordagem para professores do Ensino Fundamental e Médio e alunos do Ensino Médio. Curitiba: UFPR, 2007.

PRADO. H. do. *Pedologia fácil*: aplicações na agricultura. Piracicaba: H. do Prado, 2008.

RESENDE, M.; CURI, N.; REZENDE, S. B. de & CORRÊA, G. F. *Pedologia*: base para distinção de ambientes. Lavras: Editora UFLA, 2007.

RODRIGUES, R. M. *O solo e a vida*. São Paulo: Moderna, 2008.

SANTOS, R. D.; LEMOS, R. C.; SANTOS, H. G.; KER, J. C. & ANJOS, L. H. C. *Manual de descrição e coleta de solo no campo*. Viçosa: Sociedade Brasileira de Ciência do Solo, 2005.

SOUZA, M. D.; FILIZOLA, H. F. & GOMES, M. A. F. *Coleção de Educação Ambiental*. Cartilhas dos Jogos Ambientais da Ema. Cartilha 2. Nosso amigo solo. Jaguariúna: Ed. Embrapa, 2003.

A AUTORA

DÉBORAH DE OLIVEIRA nasceu na cidade de São Paulo. Em 1988 ingressou no curso de Geografia da Universidade de São Paulo (USP), bacharelando-se em 1992 e licenciando-se em 1993. Iniciou sua pós-graduação em Geografia Física na mesma universidade, estudando as relações entre o solo e o relevo. Obteve os títulos de mestre em 1997 e de doutora em 2003. Lecionou a disciplina Geografia durante vários anos nos ensinos Fundamental, Médio e Superior, em escolas públicas e privadas. Desde 2004, é professora doutora do Departamento de Geografia da Universidade de São Paulo (USP), nas áreas de Pedologia e Geomorfologia.

O SOLO SOB NOSSOS PÉS

Déborah de Oliveira

SUPLEMENTO DE ATIVIDADES

Nome: _____

Escola: _____ Grau: _____ Ano: _____

1. Complete as lacunas.

a) Os fatores de formação do solo são: _____, _____, _____, _____ e _____.

b) A _____ é um agregado natural composto de alguns minerais ou de um único mineral.

c) O solo é composto de quatro partes: parte _____, parte _____, parte _____ e parte _____.

2. Complete o jogo de palavras cruzadas.

1) É a ciência que estuda o solo

2) Animal que vive no solo

3) Mãe do solo

4) Importante nutriente presente no solo

5) Mineral primário do solo que se transforma em argila

6) São as camadas do solo

7) É um buraco usado para observar e descrever o solo

8) Tipo de solo importante no Brasil

9) Problema ambiental que o solo sofre

10) Pai da Pedologia

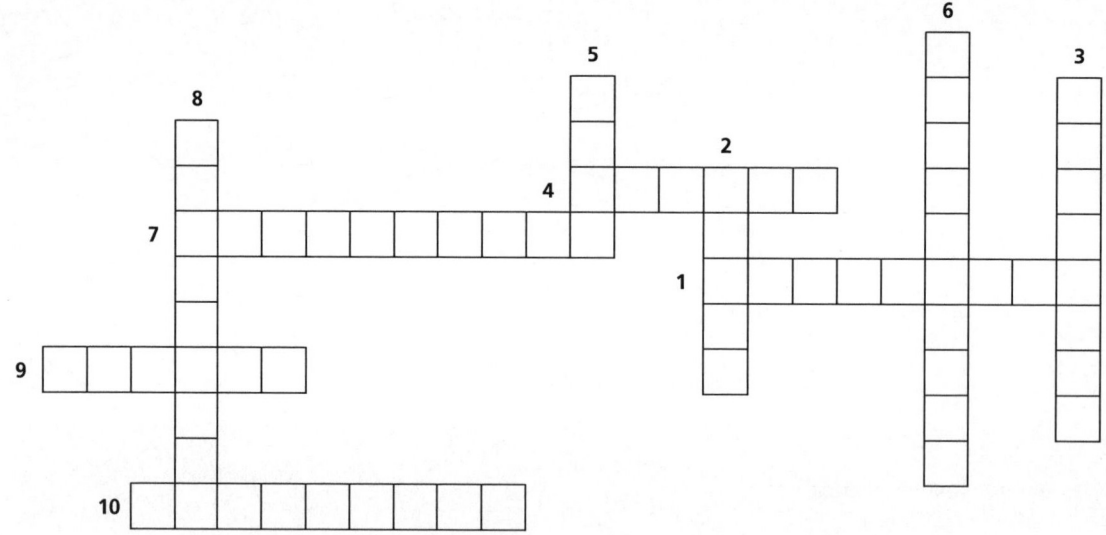

3. Busque, no caça-palavras abaixo, os termos relacionados aos dez itens descritos a seguir.

E	W	B	T	R	A	D	O	Y	A	K	C	A	E	G	I	M	M	E	G	G	K	K	F	I
P	D	I	A	D	A	C	O	N	S	E	R	V	A	Ç	Ã	O	D	O	S	O	L	O	A	D
Z	I	O	C	B	A	S	A	L	T	O	A	F	J	G	G	F	Q	Q	N	P	Z	X	D	A
M	Y	B	Y	X	F	V	W	E	L	K	V	C	I	H	H	C	F	R	Y	O	S	Q	U	F
M	B	O	C	C	E	J	G	D	B	S	M	Q	C	N	Z	X	F	W	Y	L	V	H	B	R
E	D	S	E	L	F	Q	K	K	F	B	A	U	C	W	I	G	D	Z	M	U	V	I	O	U
S	C	S	B	I	X	N	Y	H	L	E	C	B	C	C	J	I	A	Z	M	I	B	J	A	B
B	W	R	K	M	D	R	S	V	K	E	P	F	O	R	M	I	G	A	S	Ç	L	S	J	W
Z	G	T	R	A	C	W	R	V	F	H	K	D	X	X	K	L	U	V	M	Ã	T	F	U	J
B	M	C	J	S	D	N	P	C	B	M	K	F	T	M	W	G	D	G	A	O	F	K	F	Y
K	O	Y	B	O	J	V	P	Q	I	B	K	E	B	I	M	G	X	Z	Z	D	Q	Y	R	V
N	T	P	V	H	B	F	V	S	D	U	E	R	Z	N	Y	J	C	Z	N	X	J	L	N	I
N	R	H	K	Q	L	V	K	A	F	G	U	R	K	H	F	E	V	H	Q	D	O	E	E	U
J	H	G	S	R	C	V	L	J	G	T	D	O	Q	O	S	Q	D	B	J	B	H	X	B	J
Q	N	I	I	U	D	I	J	A	R	E	I	A	J	C	S	H	R	G	E	G	W	V	U	W
X	Z	H	Y	U	B	W	R	H	G	V	V	Q	H	A	V	H	Y	H	E	F	P	V	P	H
F	T	N	C	L	K	C	D	H	A	S	G	M	N	U	P	U	E	L	S	T	I	C	H	D

1) Trazem o solo de baixo para cima

2) Animal que ajuda a aumentar a porosidade do solo

3) Um dos fatores de formação do solo

4) Um dos materiais que dá origem ao solo

5) Partícula do solo que enxergamos a olho nu

6) Sua presença dá uma cor vermelha ao solo

7) Ferramenta usada por pedólogos para retirar amostras de solo

8) É um problema ambiental dos solos em lixões

9) Usado para aumentar a fertilidade do solo

10) 15 de abril

4. Assinale a alternativa correta.

São horizontes do solo:

a ☐ X, Y, Z

b ☐ O, A, B, C

c ☐ 1, 2, 3, 4

São alguns nutrientes do solo:

a ☐ nitrogênio, fósforo, potássio, cálcio, magnésio, sódio

b ☐ granito, basalto, arenito

c ☐ quartzo, zircão, turmalina, mica, calcário e feldspato

São alguns materiais de origem ou 'rochas-mãe' do solo:

a ☐ nitrogênio, fósforo, potássio, cálcio, magnésio, sódio

b ☐ granito, basalto, arenito

c ☐ quartzo, zircão, turmalina, mica, calcário e feldspato

5. Responda às questões:

a) Por que os solos brasileiros não são muito férteis?

_____

_____

Procedimento:

Coloque o solo na bandeja e comece a molhá-lo. Com as mãos, esfregue pequenas amostras entre os dedos, sinta a textura e ouça o barulho. 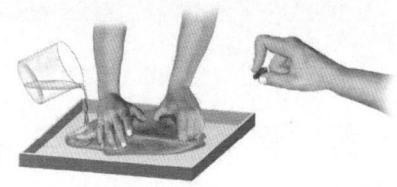 Se houver areia na amostra você vai sentir os dedos arranhando e poderá escutar um barulho dos grãos. Se houver silte, você vai ter a sensação de talco entre os dedos. E, se houver argila, vai conseguir moldar um boneco ou o que quiser com a amostra.

Responda:

A partir dessa experiência, qual a textura da amostra de solo – mais arenoso, mais argiloso ou mais siltoso – que você analisou?

_____

_____

_____

_____

_____

6. Como o solo é retratado

   Material:
   recortes de jornais e revistas

   Procedimento:
   Procure nos jornais e revistas matérias relacionadas aos solos e monte com o professor e os colegas um pôster para discussão em classe. Verifique como o solo é tratado nos tempos atuais.

Procedimento:

Coloque amostras de solo de cores diferentes em copos descartáveis. Quanto mais cores diferentes você encontrar, melhor. Coloque cada cor em um copo e acrescente um pouco de água em cada copo. Faça um desenho ou uma pintura com os dedos ou pincel.

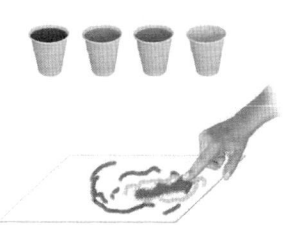

Responda:
Por que há diferentes cores de solo?

_____
_____
_____

4. Tamanho das partículas do solo

   Material:
   amostra de solo (½ kg)   3 peneiras de cozinha com aberturas de malha diferentes
   1 bandeja   3 pratos descartáveis
   1 colher grande

   Procedimento:
   Coloque o solo na bandeja e, com as mãos, esfregue a amostra, transformando-a em pequenos pedaços – os menores que conseguir. Em seguida, coloque cada peneira sobre um prato descartável e acrescente um pouco de solo em cada uma. Peneire o solo, veja e sinta com as mãos o tamanho das partículas que você peneirou.

   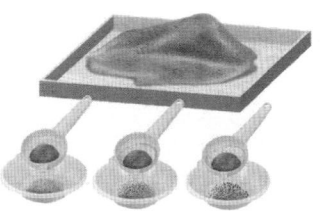

   Responda:
   As partículas são de tamanhos diferentes?

   _____
   _____
   _____

5. Textura do solo

   Material:
   amostra de solo (½ kg)   1 vasilha com água   1 bandeja

b) Como podemos enxergar a areia, o silte e a argila, presentes no solo?
_____
_____

c) Por que existem vários tipos de solo na natureza?
_____
_____

d) De onde vêm os nutrientes presentes no solo? Que caminho percorrem?
_____
_____
_____
_____
_____

e) Quais são os principais problemas ambientais relacionados ao solo?
_____
_____

f) Como esses problemas podem ser resolvidos?
_____
_____
_____
_____
_____

g) O Brasil tem solos diferentes, mas dois deles cobrem boa parte do território nacional. Quais são eles e quais suas características principais?
_____
_____

h) Por que o solo tem horizontes tão diferentes?
_____
_____
_____
_____

6. Com base no desenho, explique o que há em cada horizonte do solo.

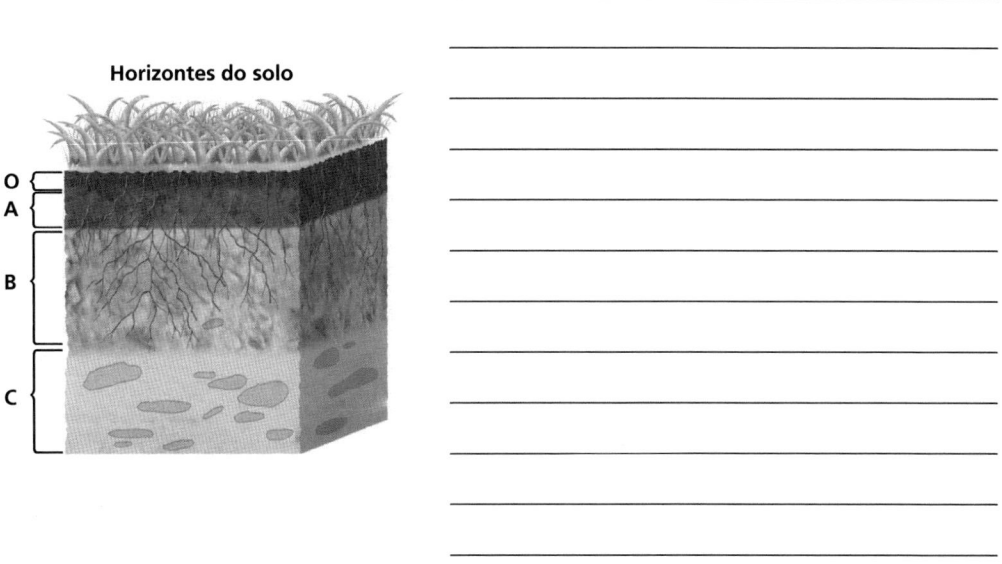

_____
_____
_____
_____
_____
_____
_____
_____
_____
_____
_____
_____
_____

7. Complete a legenda do mapa a seguir informando sobre como são os solos do mundo.

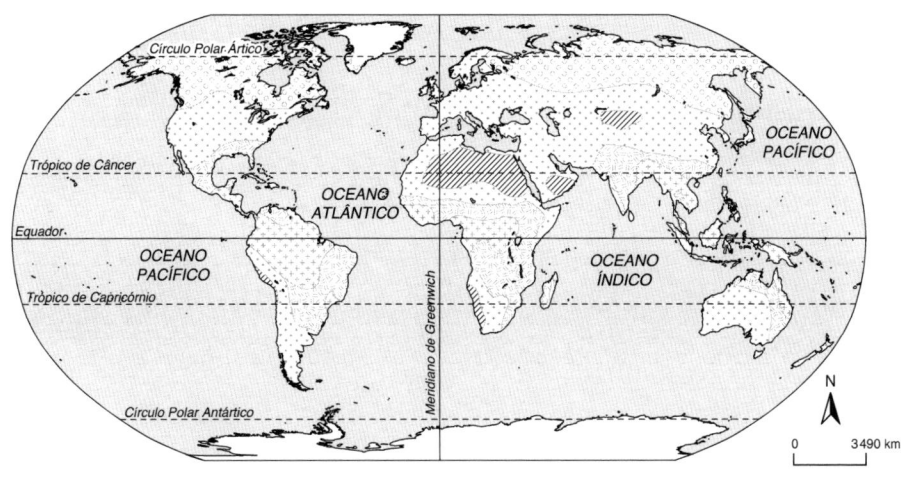

▢ Zona equatorial úmida: _____

▢ Zona de clima tropical e subtropical: _____

▢ Zona de clima temperado: _____

▨ Zona de clima árido (deserto): _____

▢ Zona de clima frio: _____

☐ Zona _____

ATIVIDADES PRÁTICAS

1. Porosidade do solo

Material:
1 pedaço de solo   1 pedaço de rocha   1 bandeja   1 copo com água

Procedimento:
Pegue um pedaço de solo e um pedaço de rocha. Coloque-os lado a lado numa pequena bandeja e vá molhando aos poucos.

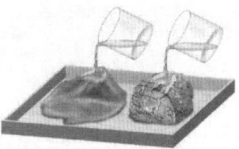

Responda:
Em que amostra a água penetra mais rápido?

_____

_____

2. Erosão do solo

Material:
1 pedaço de solo   1 pedaço de grama plantada   2 garrafas PET
1 tesoura   1 bandeja   1 vasilha com água

Procedimento:
Corte as duas garrafas PET ao meio na vertical. Mas não corte o bico das garrafas. Coloque, na primeira garrafa, o solo puro e, na segunda, a grama plantada no solo. Incline as garrafas levemente, com o bico para baixo numa bandeja e coloque água no solo aos poucos, observando como ela sai do bico.

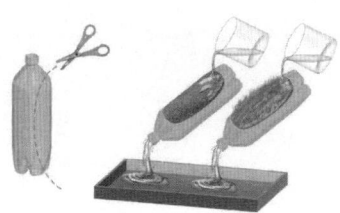

Responda:
Em que amostra a erosão é mais intensa?

_____

_____

3. Pintura com solos de cores diferentes

Material:
amostras de solo de cores diferentes   copos descartáveis (um para cada amostra)
água   papel ou cartolina
pincel